领导拒谏对员工未来谏言的影响机制研究

Research on the Leaders' Rejection of
VOICE ON EMPLOYEES'
FUTURE VOICE MECHANISM

麻晓菲 ◎著

中国财经出版传媒集团

经济科学出版社
Economic Science Press

·北京·

图书在版编目（CIP）数据

领导拒谏对员工未来谏言的影响机制研究／麻晓菲
著. --北京：经济科学出版社，2023.12
ISBN 978－7－5218－5322－3

Ⅰ.①领… Ⅱ.①麻… Ⅲ.①企业管理－研究 Ⅳ.
①F272

中国国家版本馆 CIP 数据核字（2023）第 203707 号

责任编辑：赵　蕾
责任校对：蒋子明　孙　晨
责任印制：范　艳

领导拒谏对员工未来谏言的影响机制研究
LINGDAO JUJIAN DUI YUANGONG WEILAI JIANYAN DE
YINGXIANG JIZHI YANJIU
麻晓菲　著

经济科学出版社出版、发行　新华书店经销
社址：北京市海淀区阜成路甲 28 号　邮编：100142
总编部电话：010－88191217　发行部电话：010－88191522
网址：www. esp. com. cn
电子邮箱：esp@ esp. com. cn
天猫网店：经济科学出版社旗舰店
网址：http：//jjkxcbs. tmall. com
北京中科印刷有限公司印装
710×1000　16 开　10.5 印张　140000 字
2023 年 12 月第 1 版　2023 年 12 月第 1 次印刷
ISBN 978－7－5218－5322－3　定价：48.00 元
（图书出现印装问题，本社负责调换。电话：010－88191545）
（版权所有　侵权必究　打击盗版　举报热线：010－88191661
QQ：2242791300　营销中心电话：010－88191537
电子邮箱：dbts@ esp. com. cn）

P 前言
PREFACE

　　多年来，让员工畅所欲言一直被认为是组织效率的驱动因素，组织行为研究者也不断扩展对这一现象的理解。关于领导纳谏、谏言及谏言反应的研究已经逐渐形成体系，但却忽略了在管理实践中频繁发生的领导拒谏。本书通过文献梳理发现，当前研究对领导拒谏的概念内涵尚未统一，对领导拒谏与员工未来谏言之间关系的实证研究还十分缺乏。鉴于此，基于实践应用和理论研究的双重需要，本书探讨了领导拒谏的概念内涵及其对员工未来谏言的影响机制。从拒绝的角度出发，基于社会排斥、拒绝的概念，认为领导拒谏是一种工作场所的拒绝事件，是指领导者对员工谏言无解释的拒绝，造成员工情绪的变化、个人需要受阻，从而导致员工可能的行为改变。这在理论研究方面具有重要意义。

　　首先，本书从拒绝视角来理解领导拒谏的概念，融合并延伸了以往关于领导拒谏概念的相关研究。

　　其次，基于需要—威胁时间模型，从员工视角出发，探讨了领导拒谏对员工谏言频率这一主动性行为的影响，拓展了理论模型的适用范围。

　　再其次，从领导、员工及同事三个方面，探讨了领导拒谏对员工未来谏言频率的影响机制，丰富了关于谏言及拒谏的相关研究。

　　最后，丰富了领导拒谏与员工未来谏言行为的影响机制研究。

　　由于作者水平有限，书中难免有疏漏之处，敬请读者批评指正。

麻晓菲

2023 年 9 月于新疆财经大学

目录
CONTENTS

第一章

绪　论

当前，自然灾害、工业事故频发，企业所面临的社会环境变幻莫测，不论是不可抗拒的"黑天鹅"事件，还是根植于企业内部的"灰犀牛"问题，反映出市场环境的易变性、不确定性、复杂性和模糊性特征已经成为一种新常态（李平，2020）。企业在这种新常态环境之下，不仅需要具有面对风险保持稳定的定性，还需要兼具突破创新持续发展的韧性。员工作为组织不可替代且极具潜力的人力资源，是组织突破危机、创新发展的有力保障。在组织中，员工是实践者，参与行动过程，检验决策结果；同时，员工又是发现者，位于风险前沿，直面关键问题。组织为了发展的需要，鼓励员工积极向组织谏言，但一个不可避免的实践问题是员工的谏言常常因质量不高、不具可行性或具有威胁性等原因被领导拒绝（Burris，2012；Howell et al.，2015；易洋和朱蕾，2015；韩翼和肖素芳，2020）。在管理实践中，即使组织通过提供便利条件（如召开员工代表大会，设立意见箱，线上征集等）征集谏言，但效果都不尽如人意。虽然已有研究关注领导如何拒绝谏言以及拒绝方式的差异引发下属不同的未来谏言反应（Kim，2018），但在实际的管理情境中，面对大量的建议和繁忙的日常工作，领导会更倾向于采取被动的方式来应对下属，直接拒绝或不予回应的行为更为频繁地发生。在大量员工谏言被拒绝的现实情况下，探讨员工谏言行为的影响机制，对员工未来保持持续的谏言意愿具有重要的研究意义和价值。

多年来，让员工畅所欲言一直被认为是组织效率的驱动因素，组织行为研究者也在不断扩展我们对这一现象的理解（Morrison，2011）。关于谏言及谏言反应的研究已经逐渐形成体系。学者们从员工（Seibert et al.，2001）、工作团队（Edmondson，2003）、组织（Detert et al.，2013）等多个层面探讨了谏言的结果，并对大量的谏言前因进行了识别（Detert & Burris，2007；LePine & Van Dyne，2001）。如何提高谏言效果已经成为研究者讨论的焦点，特别是谏言内容的差异对谏言效果的影响得到了学界的广泛讨论。伯里斯（Burris，2012）以提供谏言出发点是改变还是保持现状为关注点，将谏言区分为挑战性谏言和支持性谏言；梁等（Liang et al.，2012）则认为与谏言关联的前因决定了谏言的类型，导致了不同的结果，并在此基础上进一步提出了促进性谏言和抑制性谏言。组织行为学研究领域考察了个体层面谏言的激励因素和抑制因素，如性格、态度、感知、情感和信仰。现有文献也从亲社会动机、心理安全、职位权力、感知、情感、领导力和团队关系等多方面探讨了谏言被采纳的前因、路径和结果（Grant et al.，2009；凌斌等，2010；Ng & Feldman，2012；段锦云，2011，2012；Cheng et al.，2013；于静静和赵曙明，2013；周浩和龙立荣，2013；Maynes & Podsakoff，2014；梁建，2014）。员工谏言的动机是期望通过建议的方式对组织中的问题进行改进和完善，但这一过程不可避免地具有对现状的否定和批判的性质。否定的行为通常被视为对组织的挑战，特别是这种行为来自权力结构中处于弱势的一方——员工，拒绝的概率要远远超过接受的概率。

谏言，自古有之。从尧舜设立鼓励进言的"敢谏之鼓""诽谤之木"起，到唐朝贞观盛世的谏言之风，再到宋朝健全的谏言制度，在中国古代的言论制度发展中，谏言作为其重要内容，蕴含的实践经验和反思对现代组织管理具有极大的借鉴意义。在管理学领域，谏言被看作一种组织公民行为（Stamper & Van Dyne，2001；LePine & Van Dyne，2001），但也因为它所具有的突出社会成本和破坏性，其往往被谏言的对象视为带有威胁或危险性的行为（Dalal & Sheng，2019；Fast et al.，2014）。领导在应对下属谏言时，往往更倾向于选择沉默或无反馈的处理方式（Kim，2018）。现有关于谏言的相关研究相对于将拒谏作为独立的研究对象，更倾向于将其归为领导没有纳谏，然而拒谏与没有纳谏不论是程度还是影响机制都具有极大的差异。现有对拒谏从前因到结果的研究还存在诸多空白。领导谏言反应研究的结果通常都是从社会功能失调角度考虑员工对领导负面反馈的消极影响，如员工报复组织、犬儒主义、退出组织等。也有研究发现，管理者始终将谏言看作一种威胁（Cupach & Carson，2002），因此诱发领导拒谏，并最终导致员工未来不敢谏言，甚至可能会离开组织。在现有文献中，相较于在现实中更为频繁发生的拒谏，学者们更多地关注谏言者和领导纳谏（Bonaccio & Dalal，2006）。员工提供的建议或创新的想法是创新过程的起点，而员工在下一阶段的意见建议等想法的产生可能会受到前一阶段的建议拒绝经历的影响。为了让组织真正从员工的谏言中受益，之前关于谏言的文献很大程度上假设员工会不止一次地向领导或组织提出意见和建议。然而，这种未来导向的行为很可能取决于管理者如何回应员工的谏言，因为拒绝员工的建议可能会阻碍员工未来参与和表达建议的行为和意愿。学者们对员工谏言被拒绝后，员工是继续保持与领导主动互动，还是保持沉默，甚至加速员工离职的研究还存在较大的理论空白。

　　"沉默对待"是社会排斥的一种普遍形式。社会排斥在心理学领域已经有很长的研究基础，在管理学领域的研究尚不丰富。李澄锋等（2016）从领导纳谏的角度来厘清领导排斥与员工建言的关系，通过实证研究认为中国组织情境下领导排斥对员工建言具有负向影响。皮苏卡（Piezunka，2018）将拒绝作为一种反馈方式，认为接受拒绝对员工未来提交想法的意愿有积极的影响。托马斯（Thomas，2020）从社会测量理论出发，认为谏言的质量会产生职场排斥：同事可能会认为提出糟糕建议的员工是不称职的，从而导致员工被排斥。现有研究常将拒谏等同于领导没有纳谏，然而拒谏的程度和产生的影响同没有纳谏是存在差别的。领导拒谏对员工的心理和行为都会产生冲击，但行为结果却存在极大的差异。领导拒谏行为作为一种独立的排斥现象，不同来源的排斥所具有的不同特性以及对组织效能、员工行为具有差异性的影响。因此，为了更好地理解领导拒谏后员工作出的拒谏反应，本书将拒谏视为一种排斥行为，基于社会排斥理论，在威廉姆斯（Williams，2009）提出的需要—威胁的时间模型（temporal need threat model）框架之下构建理论模型，探讨领导拒谏事件发生后，在动态时间变化过程中，因拒谏这一排斥行为造成的消极情绪和需要威胁如何影响员工的行为动机，并形成了拒谏影响员工行为动机的理论框架。

　　现有基于排斥、拒绝视角的拒谏研究在对员工谏言行为的影响方面存在诸多矛盾之处。根据社会排斥的概念界定，个体通过某种方式期望与组织或组织中的个体形成联系，却在不被告知的情况下被拒绝或排除在外，这种行为就是一种排斥行为。员工谏言行为是自发的，具有主动性，期望能从领导处获得反馈并被认可。不论领导因为什么原因或采取什么方式拒绝下属谏言，这都属于一种拒绝行为。因此，本书基于社会排斥、拒绝的概念及理论，在中国情境下探讨领导拒谏的概念内涵及其对员工未来谏言行为的影响机制具有理论和实践的双重意义，有利于拓展谏言及谏言反应的相关研究。

第二节 研究目的

本书将拒谏视为一种工作场所的拒绝行为，从社会排斥、拒绝的研究视角出发，基于需要—威胁时间模型构建了领导拒谏影响员工未来谏言行为机制的理论框架，从情绪和需要威胁在不同时间阶段的影响构建了"事件—情绪—认知—行为"的领导拒谏影响员工未来谏言行为的理论模型。

首先，本书结合社会排斥、拒绝的概念，对拒谏的内涵进行界定。概念界定是研究的出发点，当前学界还未将拒谏作为独立的研究方向，缺乏从拒绝层面对其概念的界定。本书基于对现有领导拒谏、社会排斥、拒绝相关文献的梳理，通过概念与现象的比较，以员工视角为出发点，将拒谏作为一种工作场所的拒绝行为，从领导拒绝的动机与员工行为的影响方面对领导拒谏的定义进行界定。

其次，基于需要—威胁时间模型，从员工视角出发，探讨拒绝事件发生后对员工未来谏言频率这一主动性行为的影响。现有对谏言反应的研究可以归纳为两类，即作为谏言接受者的领导和作为谏言发出者的员工，进而谈论前因、影响因素、路径、边界和结果。在员工谏言被领导拒绝后，对其未来再次谏言的可能性影响是本书关注的重点。社会排斥、拒绝的相关研究及理论模型在心理学及社会学领域应用十分广泛，近年来也逐步应用于管理学研究，许多学者开始关注职场排斥、领导排斥、职场拒绝、职场欺凌，但仍局限于对职场排斥、拒绝对谏言影响的探讨，并未将拒谏作为一种排斥、拒绝行为，而现有从排斥、拒绝视角来研究拒谏的相关结论又存在诸多矛盾之处。本书认为领导拒谏本身就是一种拒绝行为，社会排斥、拒绝研究领域的理论模型能较好地应用于解释在组织中领导拒谏对员工未来谏言行为的影响机制。鉴于此，本书基于需要—威胁时间模型，探讨领导拒谏对员工未来谏言行为的影响机制，因谏言行为涵盖广泛，本书着重讨论拒谏对员工未来谏言频率的影响。

再其次，在组织中，谏言虽然发生于谏言接受者（领导）与谏言发出者（员工）之间，但环境等外在因素对领导纳谏及员工未来谏言行为都具有一定的影响，而在组织环境中，人际环境是由领导、同事和谏言员工构成的，中国情境下的管理层级跨度较大，同事也进一步成为影响谏言者行为的重要因素，对拒谏引发的谏言员工未来行为具有一定的影响。因此，本书不仅聚焦于员工个人内在因素对员工未来谏言行为的直接影响，还进一步探讨了行为发生过程中，由领导拒谏引发的同事行为对员工的影响。

最后，探讨随着时间的变化，对领导拒谏的认知归因及谏言员工的需要变化在领导拒谏对员工未来谏言频率影响过程中的作用及理论边界。本书认为领导拒谏对员工未来谏言的影响并非一成不变，在不同的时间阶段，根据其认知的不同，对行为影响的作用效果也不尽相同。我们以不同时间阶段的行为表现对整体研究模型进行拆解，分别论证在不同阶段，员工谏言行为的变化及其边界条件。运用情绪事件理论，探讨同事欺凌和职场焦虑对未来谏言频率的影响。基于调节焦点理论和认知归因理论，探讨反省阶段的需要威胁和动机归因对领导拒谏影响员工未来谏言频率的调节作用。

第三节 研究意义

一、理论意义

本书的理论意义主要有以下几个方面。

第一，丰富了领导拒谏及员工谏言反应的相关研究。以往研究大多关注"领导纳谏—员工谏言"，着重探究影响领导纳谏的因素及员工谏言的内容和价值（Morrison，2011；Burris，Rockmann & Kimmons，2017），以及促进或阻碍员工谏言行为的影响因素（Chamberlin，Newton & LePine，2017）。且以往文献所揭示的影响员工谏言的领导因素大多是领导风格（如变革型领导、真实型领导、道德领导、参与型领导）、领导特质（如管理开放性、领导自我效能感）、领导情绪和领导纳谏，几乎没有考察领导拒谏对员工谏言行为反应及未来谏言行为的影响。现有研究多认为拒谏是领导没有采纳下属的建议，本书基于现有文献，认为没有采纳从内涵及程度上都与拒绝存在极大差异，拒谏与没有采纳对员工未来谏言行为的影响也存在差异，对这一影响机制的探讨进一步拓展了领导拒谏与员工谏言反应的研究范围。

第二，基于社会排斥的概念内涵及研究视角，探讨领导拒谏作为一种独立的拒绝事件对员工未来谏言行为的影响，丰富了领导拒谏的研究视角，拓宽了社会排斥研究中理论模型的适用范围。本书将领导拒谏独立于纳谏的相关研究，认为拒谏是一种领导拒绝行为，在社会排斥、拒绝的理论视角下，明晰拒谏的概念内涵，并进一步考察了领导拒谏对员工未来谏言行为的影响机制。领导拒谏研究的核心问题之一是探究员工被拒绝后的行为反应，并以此为基础反向推导出如何在被拒绝的情况下保持持续谏言的动力。因此，本书从社会排斥、拒绝的理论视角出发，针对拒谏如何影响员工未来谏言行为进行探讨，也为后续研究开拓了新的理论视角。

第三，基于需要—威胁时间模型，从员工视角出发，探讨领导拒谏对员工未来谏言这一主动性行为的影响，拓展了理论模型的适用范围。当前，关于领导谏言反应及其结果的研究通常都是从社会功能失调角度考虑员工对领导负面反馈的消极影响，如员工报复组织、犬儒主义、离开组织等。管理者始终将谏言看作一种威胁（Cupach & Carson，2002），因此诱发领导拒谏，并最终导致员工未来不敢谏言，甚至可能会离开组织。学者们对员工谏言被拒绝后，员工是继续保持与领导主动互动，还是选择沉默，甚至加速员工离职的相关研究还存在较大的理论空白。现有研究较少关注到员工行为产生的过程，更多关注行为的结果，然而行为产生的过程才是研究问题的核心。本书通过探讨员工建议或想法在被领导拒绝后对其未来行为的影响机制，为后续研究更为系统地探讨领导拒谏造成的员工行为结果具有一定的理论意义。

第四，本书从领导、员工及同事三个方面，探讨了领导拒谏对员工未来谏言行为的影响机制，丰富了谏言行为研究。现有文献多倾向于在领导与员工、同事与员工的二元关系中探讨拒谏对员工未来谏言行为的影响，但本书认为在拒谏事件影响员工行为的过程中，领导、同事与谏言员工之间构成了一个完整的组织行为体系，即员工的行为不仅来自对领导的认知，同时会受到同事的影响，三者之间的影响作用机制是不能割裂的。本书构建了关于领导—同事—谏言员工三方的影响研究框架，从三方行为的交互作用对拒谏行为的影响进行考察，帮助研究者更为深入地理解领导拒谏对员工谏言行为的影响作用，丰富了谏言行为的研究成果。

二、现实意义

本书的现实意义主要有以下几个方面。

第一，帮助企业了解员工行为动机，采取措施预防核心人力资源的流失。中国历史上，因领导者拒谏而造成严重后果的例子不胜枚举，而在现代管理实践中，我们发现善于采纳员工谏言的组织往往能够提升决策的质量，带来事业的繁荣，获得更好的发展。积极谏言的员工是具有较高的忠诚度，并关心组织发展的核心员工，考虑现实原因，企业难以避免拒绝员工谏言，但却可以通过安抚员工情绪、提升需求回应来保持员工再次谏言的积极性，防止人员的流失。

第二，营造谏言氛围，避免因领导拒谏导致员工不再谏言、不敢谏言。组织氛围对员工被拒谏后的行为具有一定的影响作用。企业可以通过健全谏言制度，规范谏言程序，营造良好的组织谏言氛围来降低拒谏以及同事欺凌行为对员工未来谏言的负面影响。当员工的谏言被拒绝时，会受到组织氛围的感染，更加理性地分析和判断自己被拒绝的原因，理解被拒绝不是因为受到领导的不公正对待，以积极的心态来面对被拒绝，并保持持续谏言的意愿。

第三，完善企业谏言制度，提升员工未来再次谏言的积极性。谏言的重要性不言而喻，规范化的谏言制度可以保证即使员工谏言被拒绝，但这一结果的产生是遵从制度流程，是领导判断和决策的结果，而不会将拒谏的行为上升到领导排斥员工的层面，让被拒绝的员工依然能感受到组织公平，而不是因为自己的谏言行为受到排斥，从而避免员工的消极行为，提升再次谏言的积极性。

第四，帮助领导者了解员工被拒绝后的情绪及需要变化，在有效时间内给予员工安抚，建立长期互动关系。领导和员工沟通不足导致信息不对称，员工在被拒绝后，情绪和基本需要都会受到冲击，在这种情况下，更需要领导者采取积极的安抚措施，在拒谏后积极与员工沟通，建立良好的互动关系，使拒谏成为打开沟通之门的钥匙，而不是阻隔沟通的锁。

第四节　研究内容

本书基于需要—威胁时间模型，主要探究了领导拒谏对员工未来谏言频率的影响，具体考察领导拒谏对员工未来谏言频率的影响过程中的中介变量和可能影响这一过程的调节变量。基于情感事件理论，具体阐述了员工职场焦虑作为领导拒谏对员工未来谏言频率的影响过程中的中介变量，并进一步论述了同事欺凌与员工职场焦虑在领导拒谏对员工未来谏言频率影响过程中的链式中介效应。基于需要—威胁时间模型和动机归因理论，具体阐述了组织谏言氛围、领导拒绝动机归因作为领导拒谏对员工未来谏言频率影响的链式中介过程中的调节变量，以及需要威胁对领导拒谏影响员工未来谏言频率的调节效应。本书通过实验法、问卷调查法对理论模型进行验证，希望通过对以上两个问题的探讨，增加对领导拒谏如何导致员工未来谏言频率降低，以及领导拒谏在哪些情况下导致员工未来谏言频率的降低，在哪些情况下会导致员工未来谏言频率增加的理解。

首先，结合文献综述，在对领导拒谏的概念，社会排斥、拒绝的概念及相关概念进行梳理的基础上，基于拒绝的视角，从领导拒谏的动机和员工行为的影响出发，对领导拒谏的概念进行界定。任何研究的基础首先是对相关概念的界定，领导拒谏是一种较为常见的管理事件，但谏言领域的相关研究却还处于起步阶段，特别是对领导拒谏的概念，现有学者多是基于研究的理论基础、拒谏的内容和拒谏的策略等方面进行了总结，研究成果较少，不能全面概括领导拒谏的概念内涵，因此，还需要从不同的视角对领导拒谏的概念进行总结，丰富领导拒谏的概念。本书从拒绝的视角出发，通过对相关概念归纳比较，总结了领导拒谏的概念，为开展后续研究奠定了基础。

其次，基于需要—威胁时间模型，结合情感事件理论、调节焦点理论和动机归因理论探讨了领导拒谏对员工未来谏言频率的影响机制，考察了同事欺凌与员工职场焦虑的中介作用，并讨论了需要威胁、组织谏言氛围和领导拒谏动机归因的调节作用。一方面，以即时阶段的情绪变化为出发点，探讨了领导拒谏通过同事欺凌和员工职场焦虑影响员工未来谏言频率的机制。另一方面，基于反省阶段的特点，进一步探讨了组织谏言氛围和领导拒谏动机的认知归因对领导拒谏影响员工未来谏言频率的链式中介的调节作用，以及需要威胁对领导拒谏影响员工未来谏言频率的调节作用。

最后，结合理论分析和实验研究结果，对研究的理论意义和实践启示进行总结，归纳研究中存在的问题，并期望对后续研究有一定的借鉴意义。理论上主要讨论了研究结果对领导拒谏和员工谏言行为两类组织行为学领域研究主题的具体贡献和意义。在实践上主要从领导、组织氛围的优化、制度的完善等方面提出了有利于组织创新、领导决策和促进员工持续谏言等方面的管理启示。此外，从理论分析、研究局限，实验设计和数据收集等方面总结本书中存在的问题与改进之处，并以此为铺垫，为后续研究的开展和完善提供可能的参考。

第二章

领导拒谏与员工谏言的概念体系

本节主要对社会排斥的概念、相关概念的区分、测量工具及社会排斥的影响因素和作用结果进行了回顾与综述。

一、概念界定

在社会群体中,排斥是一种普遍存在的现象,存在已久。最初,社会排斥的研究集中在对社会层面现象的研究,进入20世纪90年代,排斥才作为一种独立的研究内容进入社会心理学研究者的视野。最初,社会排斥被认为是在人类最具有驱动力的归属需要的驱动下,个体强烈需要与其他个体形成长期的合作关系,当这种需求不能实现或满足时,将影响个体的内在需要和外在身心健康（Baumeister & Leary，1995）。利里等（Leary et al.，1995）学者则基于社会计量理论，认为在社会活动中，个体被社会中的其他人接受与否，关系的好坏以及行为是否会遭受排斥都代表着个体自尊的程度。

目前对社会排斥并没有完全统一的概念界定，研究者常用社会排斥（social exclusion）、拒绝（rejection）和放逐（ostracism）来指代。心理学领域研究的社会排斥是指个人在社会生活或团体生活中，被他人歧视、侮辱、拒绝、排挤、疏远和隔离，因而无法融入或参与社会活动，逐渐边缘化，并最终因人际关系失衡造成合理权益被损害的过程。根据关注重点的不同，社会学研究者进一步界定了社会排斥的含义。鲍迈斯特和泰斯（Baumeister & Tice，1990）认为，社会排斥是个体因缺乏对团体的贡献，或行为与团体规则相违背，或自身外在条件，或人格特征本身不善于人际交往等因素，造成团体中他人不接纳，甚至排斥、驱逐的互动关系。威廉姆斯（1997）则将社会排斥定义为个体或团体排挤和轻视其他个体或团体，而这种现象的产生并未给予明确的解释和拒绝的声明。萨默等（Sommer et al.，2001）认为排斥是一种社会或群体中的他人有意识地无视、拒绝个体的行为。特文格（Twenge，2001）认为社会排斥是可能发生在家庭、社交圈或某一社会团体中的，指个体不被他人接受或认可的社会现象。麦克唐纳和利里（MacDonald & Leary，2005）认为社会排斥是指个体在社会互动中因他人的拒绝、排斥或者贬低而造成期望建立的人际关系或需求无法实现的现象。斯蒂尔曼等（Stillman et al.，2009）认为社会排斥是指感知到自己缺乏归属感。吉内特（Ginette，2009）提出社会拒绝是指另一方不愿意接受的某种联系或关系。我国学者杜建政和夏冰丽（2008）也提出社会排斥是一种个体由于被社会中的团体或他人隔绝，自身归属需求与关系需求无法得到满足的社会现象。相关概念的定义如表2-1所示。

表 2 - 1 社会排斥、拒绝的定义

作者	变量	社会排斥定义
鲍迈斯特和泰斯（1990）	社会排斥、拒绝	个体因缺乏对团体的贡献，或行为与团体规则相违背，或自身外在条件，或人格特征本身不善于人际交往等因素，造成团体中他人不接纳，甚至排斥、驱逐的互动关系
威廉姆斯（1997，2001，2007）	社会排斥、拒绝	个体或团体排挤和轻视其他个体或团体，而这种现象的产生并未给予明确的解释和拒绝的声明
萨默等（2001）	社会排斥、拒绝	排斥是一种社会或群体中的他人有意识对个体采取无视、拒绝的行为
特文格（2001）	社会排斥、拒绝	社会排斥是可能发生在家庭、社交圈或某一社会团体中的，指个体不被他人接受或认可的社会现象
麦克唐纳和利里（2005）	社会排斥、拒绝	个体在社会互动中因他人的拒绝、排斥或者贬低而造成期望建立的人际关系或需求无法实现的现象

资料来源：根据相关文献整理。

　　心理学界对社会排斥这种现象没有给出统一的概念界定，研究者最常用的是社会排斥（social exclusion）、拒绝（rejection）和放逐（ostracism）。社会排斥是指感知到自己缺乏归属感（Stillman et al.，2009）；拒绝是指个体想与他人建立并保持某种关系，却不被对方所接受（Blackhart et al.，2009）；放逐则指个体或群体排斥和忽视其他个体或群体，这种现象的发生并没有伴随过多的解释和明确的拒绝声明（Williams，2007）。

（一）拒谏—排斥相关性

　　拒绝谏言、选择沉默或没有给予回应都可以被认为是一种社会排斥行为。费里斯等（Ferris et al.，2015）认为，在职场中的排斥是员工在工作场所感知到被他人忽视、排挤或拒绝。被忽视或拒绝是一种不愉快的经历，会导致被排斥者不喜欢排斥者。员工向上级谏言的行为多是自发的，具有主动性，期望能从领导处获得反馈并被认可。领导拒谏可以被认为是一种拒绝的行为事件，因为这种不给予反馈、不接受谏言的行为，不论出于怎样的原因，采取怎样的拒绝策略，其本身就体现了拒绝的含义。在拒谏事件发生后，员工即时的表现为情感上遭受打击，负性情绪增加，积极情绪减少；员工进一步对拒谏发生的原因进行评估，考虑到谏言行为的风险性特征，员工会因为害怕领导报复和同事排斥，造成员工感知需求威胁。员工的行为反应受到个体差异和情境因素的影响，一方面，可能产生亲社会行为动机，激发积极行动以期望未来获得他人认可；另一方面，因自我效能感的降低，存在意义受阻，员工会表现出更多的攻击性行为倾向，在心理安全因素影响下，采取自我保护的退缩回避策略，即防御性沉默。如被领导拒绝的员工长期没有得到领导反馈或没有其他途径疏解，个人资源耗损严重，出现组织疏离感，感到无助，变得抑郁，最终造成员工离职。

（二）被排斥者心理行为反应的理论模型

威廉姆斯（2009）提出的需要—威胁的时间模型，包括排斥检测、反射性疼痛信号、威胁基本需求、强化威胁需求的反射性应对反应，以及认知、情感和行为反应。基于访谈和定性数据分析阐述了排斥对个体的长期影响，认为被排斥者应对和强化需求的能力会随着时间的推移而减弱，导致长期被排斥的个体顺从、无助、疏离和抑郁。该模型认为个体被排斥后会依次进入三个阶段：反射阶段（reflexive stage）、反省阶段（reflective stage）及退避阶段（resignation stage）（见表 2 - 2）。

表 2 - 2　　　　　　　　　　需要—威胁的时间模型

时间阶段	刺激	心理行为反应
反射阶段 （reflexive stage）	对微小刺激反应强	负性情绪增加，积极情绪减少，归属感、自尊、控制感和存在意义的满足受阻

时间阶段	刺激	心理行为反应
反省阶段 （reflective stage）	对刺激发生原因和重要性进行评估	个体的行为反应受到个体差异和情境因素的影响。如果归属需要和自尊需要受阻，个体对那些可能带有社会接受意义的信息更加敏感，会积极行动以获得他人的接受。如果控制感和存在意义受阻，个体的攻击性行为会增加
退避阶段 （resignation stage）	资源耗损严重，对刺激表现情绪麻木、钝化	出现疏离感，变得抑郁，感到无助、没有价值，产生自我排斥现象

资料来源：根据威廉姆斯等（2009）、沃思等（Wirth et al.，2010）、程苏等（2011）整理。

威廉姆斯（2009）通过实验提出对排斥的最初反射性反应论点：从进化的角度来看，威胁生存的事物会发出一个强烈的信号，个体关注到引发这个信号的事件并做出反应。疼痛就是引起立即反应的信号，它可以帮助个体将注意力集中到排斥事件上，以便进一步评价。评估可以告诉个体这个事件是否有意义，如果有，是否应该考虑其他缓解因素，以便采取适当的行动，而不是过度反应。威廉姆斯通过自我报告的方式对疼痛进行测量，证明即使在最小的情况下，排斥也立即被视为疼痛，并直接影响情感，造成负性情绪增加，表现出愤怒、悲伤和焦虑情绪。在组织中，员工被排斥拒绝的最初反应即情感反应，表现为消极情绪增加，积极情绪降低。

一种需要如果受到阻碍，就会直接导致有害的生理和心理结果（Baumeister & Leary，1995）。排斥是一种独特的人际厌恶行为，与身体或言语上的争吵相比，它可以威胁到四个基本需求：归属感（Baumeister & Leary，1995），保持较高的自尊心（Steele，1988；Tesser，1988），需要感知对一个人的社会环境的控制权（Burger，1992；Peterson et al.，1993；Seligman，1975），以及被认可、被关注（Greenberg et al.，1986，1990，1992）。它们是需要还是动机？所有四种需要构念在逻辑上和心理逻辑上都存在，虽然它们在某种程度上是重叠的，但在概念上是可分离的。因此，归属感的丧失会降低自尊，而自尊又会降低意义感和效能感。被他人排斥是自我与他人分离的信号，在组织中员工感觉自己被排除在外时，归属感必然会受到阻碍。当被排斥的个体对排斥进行反思时，他们可能会想出许多可能的解释来说明被忽略和遭受排斥。在考虑排斥行为的自我归因时，被排斥者首先会考虑自责、不当行为、卑鄙、自私等想法。这些"自责"和"认为"是不当行为的自我归因，会造成自尊心进一步下降。排斥是单方面的，不像口头或身体上的分歧，一个人不能与排斥者争辩、讨论或讲理，因为他们没有回应，被排斥的个体缺乏任何能力去接触排斥的根源，控制感受阻，排斥者认为没有了存在的价值。

一旦个体察觉到排斥，感觉到痛苦、消极影响和需求威胁，个体的注意力被引导到排斥的经历上，他们就可以评估、评价和确定排斥事件的意义和重要性。根据需求强化假设，个体将以重新建立最佳需求水平或最显著需求威胁方式来感受、思考和行动。在这一阶段，基于情境背景和个体差异的归因被认为对心理恢复的速度和应对威胁需求的行为选择起着重要作用。

当被排斥个体通过归因，认知到排斥产生的动机、含义及相关性后，基于自我保护意识，个体会进行需求设防，根据个人差异和情境的影响，一方面采取积极的行为反应，表现出更具社会性，按规办事，重视人际交往，期望获得关注；另一方面可能激发消极报复的行为反应，如攻击性，挑衅、控制他人等。在排斥长期持续的情况下，个体会因为资源枯竭，无法强化需求而表现出行为异化、抑郁和无助。我们认为社会排斥的需要—威胁模型中，被排斥者在排斥事件后经历反射阶段的情绪变化和感知需要威胁，反省阶段的自我评估和对排斥事件意义归因，退避阶段的基于情境背景和个体差异影响下的行为反应可以更好地解释被领导拒谏后的员工行为动机（见图2-1）。

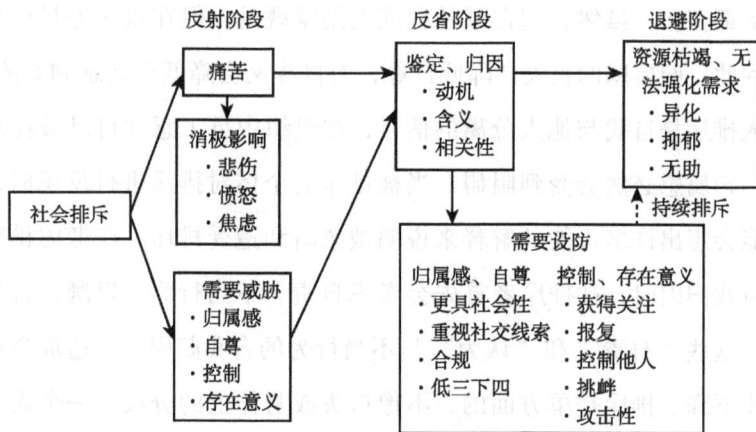

图 2-1 需要—威胁的时间模型

资料来源：WILLIAMS K D. Ostracism：a temporal need-threat model ［J］. Advances in experimental social psychology，2009，41：275-314.

二、概念区分

社会排斥在社会学、心理学领域的研究较为丰富，近年来开始被管理学研究者所关注，学者们将排斥的概念从社会心理学领域引入组织行为学领域，提出了职场排斥、领导排斥的概念。

（一）社会排斥与职场排斥

希蒂阿等（Hitlan et al.，2006）首次提出职场排斥的定义，即职场排斥是指在工作环境团体中的某个人或某一团体遭受其他人或团体排斥、拒绝或忽略的现象。罗宾逊等（Robinson et al.，2013）从社会交往关系的角度，认为职场排斥是指由他人或群体自身原因导致对个体与他人或群体无法建立符合社会交往规范的人际关系的行为过程。费里斯等（Ferris et al.，2008）在威廉姆斯（1997，2001，2007）的理论基础上，将职场排斥定义为在工作场所中同事、领导或团队采取的忽视、拒绝行为被员工感知的程度。蒋奖等（2011）则按照施害者组织地位的差异，进一步将职场排斥分为上级排斥和同事排斥两种类型。乐嘉昂等（2012）

基于扎根研究将职场排斥定义为组织中的他人在人际关系中忽视、孤立员工，并导致其工作或晋升途径受阻的行为。职场排斥作为社会排斥的重要分支，在社会排斥的研究范式上进一步开发出具有组织行为学特征的职场排斥测量量表。学者们通过大量的实证研究发现，职场排斥不仅会严重影响被排斥者的社会交往与沟通，同时，会造成被排斥者身心健康损伤，导致工作态度和行为失衡，甚至会引发工作效率的降低等问题的发生。中国学者基于本土情境，通过实证研究发现，施害者的职场排斥与受害者的工作投入（李锐，2010）、组织公民行为（吴隆增等，2010）、工作绩效（Clercq，2019）、创新（Kwan，2018）等负相关，与反生产行为（刘玉新，2013）、知识隐藏行为（高天茹，2019）、离职倾向（叶仁荪，2015）等正相关。但同样有实证研究发现，职场排斥可能也潜藏着积极作用，比如，促使受害者表现出亲组织行为（张桂平，2016），抑制其知识隐藏行为（Zhao et al.，2017）等。

（二）社会排斥与领导排斥

领导排斥是一种来源于工作场所中直接上级的排斥或忽视（Ferris et al.，2008；Hitlan et al.，2009）。首先，领导排斥具有主观性，这与排斥的本质相同，都是被排斥的一方如员工的主观感受，领导排斥的轻重程度主要是由员工自我评估决定。其次，领导排斥更接近于职场冷暴力，它的发生不受时间或空间的限制，也没有明显的肢体接触行为的特点，这些特征导致排斥的发生具有间接性和隐蔽性，除了相关者外，他人很难察觉。最后，领导的排斥行为及后果取决于被排斥的员工的主观感受，因此这种行为具有隐晦性，既可能是领导的主动性排斥行为，也存在无意识排斥的可能性。

三、测量方法

（一）实验研究范式

社会排斥的研究范式主要包括拒绝范式、放逐范式、孤独终老范式和其他范式。其中使用较广泛的是拒绝范式和放逐范式。

拒绝范式中，被试会明确得知自己当前被排斥或拒绝了。其中最常用的是相互认识范式（get acquainted）（Twenge et al.，2001）和个体排斥—偶然排斥范式 individual exclusion-accidental exclusion（DeWall et al.，2009）。

放逐范式较多，如面对面掷球范式（ball tossing）（Williams & Sommer，1997）、火车谈话范式（train ride conversation）（Zadro，Williams & Richardson，2005）、网络掷球范式（cyberball）（Williams，Cheung & Choi，2000）、聊天室范式（chat room paradigm）（Williams et al.，2002）、手机短信范式（cell phone text messaging method）（Smith & Williams，2004）等。表2-3展示了相关范式及具体内容。

表2-3　　　　　　　　　社会排斥的相关研究范式

范式分类	代表学者	特点	具体范式	具体内容
拒绝范式	特文格和鲍迈斯特（2009）	被试会获得即时、明确、直接的拒绝反馈，比较接近真实的生活情境	相互认识范式	对象为多人对一人；被试事先熟识对讨论的投入程度都有可能影响实验结果；人数不同，研究结果可能也不同
			个体排斥—偶然排斥范式	被试间先通过视频来了解彼此，再进行面对面的交流
放逐范式	威廉姆斯（2007）	这类范式的共同点是有意忽视被试或者无应答反应	面对面掷球范式、火车谈话范式	属于面对面的放逐，个体当场当面被放逐。在现实中这一现象更为常见，研究结果推广性高
			网络掷球范式、聊天室范式、手机短信范式	属于网络放逐，通过网络或其他通信手段传达放逐信息
孤独终老范式	特文格（2001）	主要测试被排斥者的情感反应，不关注排斥发生的具体过程	孤独终老范式	被试被传达将在未来完全被排斥，冲击性强烈导致情绪麻木
其他范式	马纳等（Maner et al.，2007）	通过回忆、想象的方式描述被排斥的经历	回忆范式、启动范式和想象范式等	运用词语或情境引发被试的排斥感

资料来源：根据相关文献整理。

（二）测量量表

在职场排斥的现有研究中主要采用组织行为学领域的学者开发的量表测量，既有西方学者运用广泛的测量量表，也有国内学者运用于中国情境的测量量表。

希蒂阿等（2006）最早开发了职场排斥的单一维度包含 13 个题项的测量量表，包括一般性职场排斥和语言排斥。之后诺尔（Noel，2009）进一步提出了包括上司、同事和语言的三维度 17 个题项的测量量表。

费里斯等（2008）在希蒂阿的基础上，对原题项进行缩减，开发了 10 个题项的测量量表，是目前职场排斥研究中使用最多的测量工具。

蒋奖等（2011）在中国情境下，对排斥的实施者进行区分，开发了上级和同级包含 20 个题项的测量量表，具有较好的信效度。

皮垚卉（2012）在前期的研究基础上，将排斥的维度细化为人际排斥、互动排斥和工作排斥，开发了包含 17 个题项的测量量表，信效度较好。

四、后果研究

社会心理学领域的现象是基于被排斥、拒绝和忽略会导致个体感知威胁或恐惧，在这一假设下，个体为了降低威胁或消极情绪的负面影响，会采取主动行为，如迎合他人、形象管理或提升自己等，以期望重新获得他人的接纳和喜欢（Baumeister & Leary，1995）。以鲍迈斯特和威廉姆斯为代表的研究者进行了大量的实验研究，表明受到拒绝或排斥会对个体的认知、情绪和行为产生影响，如表 2 - 4 所示。

表 2 - 4 社会排斥的影响因素

变量	类别	具体内容
社会排斥、拒绝	认知	1. 影响个体归属：损害认知能力，导致思维能力下降 2. 导致认知解体：知觉混乱，自我认知失衡 3. 影响认知评价：消极评价被排斥者，积极评价潜在关系

续表

变量	类别	具体内容
社会排斥、拒绝	情绪	1. 消极情绪：社会排斥导致孤独、嫉妒、抑郁、焦虑、伤心、愤怒等情绪，同时可以预测青少年的抑郁 2. 情绪麻木：社会排斥造成被试情绪差异不显著，缺乏情绪反应 3. 生理疼痛：社会排斥引起的痛苦和身体受伤害的痛苦具有相似的心理和生理机制
社会排斥、拒绝	行为	1. 反社会行为：增加被排斥者的反社会行为或攻击行为倾向，导致其无意识的自我损害行为，减少了亲社会行为 2. 亲社会行为：积极采取人际关系重构的行为，增加亲社会行为

资料来源：根据相关文献整理。

（一）社会排斥与认知加工

加德纳等（Gardner et al.，2000）在研究中发现，社会排斥通过认知过程影响个体归属。鲍迈斯特等（2002）研究发现社会排斥会通过降低任务表现和瓦解个体认知这两种方式对个体的具体认知过程产生影响。特文格等（2003）提出，社会排斥破坏了正常的认知，造成被排斥者时间知觉扭曲、反应迟钝、回避自我觉察。巴克利等（Buckley et al.，2004）的研究结果表明，社会排斥会通过降低自尊以及消极评价的方式影响被排斥者的自我认知及对他人的评价。马纳等（2007）的研究结果也表明，被排斥者会表现出对排斥者评价更消极、对潜在关系评价更积极的极端认知变化。

（二）社会排斥与情绪

社会排斥与消极情绪之间的关系密切而复杂。鲍迈斯特和泰斯（1990）发现社会排斥和焦虑之间存在因果关系，焦虑等强烈的消极情绪是人们遭受社会排斥时的主要情感反应。利里（1990）则进一步探讨了孤独、嫉妒、抑郁、焦虑等情绪反应与社会排斥的关系。除此之外，学者发现社会排斥与情绪的关系并非只是单一的消极关系。特文格等（2001）通过研究认为，情绪麻木才是社会排斥所导致的情感结果，而并不是之前研究中普遍认可的剧烈悲痛等情绪或情感。他将这种麻木解释为个体遭受社会排斥后为了减少消极后果而采取的情绪防御方式，是一种情绪解体状态。

（三）社会排斥与行为

鲍迈斯特等（2005）通过对被排斥者饮食习惯、意志力、控制力等行为的考察，证实了社会排斥会造成自我调节（self-regulation）能力的下降，行为不受控制的表现高于其他被试。巴克利等（2004）将社会排斥与社会接纳对比，认为排斥会引发个体攻击等反社会行为。特文格等（2007）则通过社会排斥对情感反应的影响，进一步论证了社会排斥会导致亲社会行为的减少。

第二节　领导拒谏

本节主要对领导拒谏概念的概述及相关概念的区分进行了回顾与综述，并对领导拒谏的概念进行了界定。

一、概念概述

现有学术界对拒谏的定义尚不明晰，在以往研究中关于领导拒谏的概念，有的学者是基于研究的理论视角，如韩翼和肖素芳（2020）从行动者目的视角来定义拒谏，认为领导拒谏是领导者为了维护自尊和保证权威而对谏言行为表示厌恶或进行抵制的行为。另一些学者以谏言内容的挑战性和抑制性为出发点，认为当领导者感受到谏言威胁到自我价值时，更可能采取拒谏的行为（张璇等，2017；Fast et al.，2014）；领导者受到资源和组织支持的限制，同样可能拒绝促进性谏言和支持性谏言（Chen，2019；He et al.，2020）。有学者基于拒谏策略的选择对员工未来谏言行为的影响进行探讨（Kim，2018）；也有学者从领导者的行为目的

出发，将拒谏分为建设性意图或防御性意图，认为拒谏也是领导者为提升
员工谏言质量、平衡团队成员关系和维护自身地位采取的一种主动性反馈
行为（韩翼和刘庚，2021）。表2-5概括了拒谏及相关概念的研究结论。

表2-5 拒谏相关概念研究汇总

研究类别	作者	基本内容	研究结果
建议反应	贡茨维莱尔和麦克乔治（Guntzviller & MacGeorge，2013）	面子威胁、建议可证实性、接受者目标、可行性、限制性	将谏言作为一种威胁，抑制员工谏言
消极反馈	莫斯等（Moss et al.，2003）	反馈搜寻行为、反馈逃避行为、反馈中止行为	员工会使用多种反馈寻求行为策略，影响领导对其的评价
消极反馈	Belschak & Den Hartog（2009）	积极反馈、消极反馈	增加未来员工谏言质量、谏言频率，造成员工离职
领导排斥	李澄锋和田也壮（2017）	领导排斥、员工传统性、心理安全、组织自尊	对员工谏言具有负向影响
领导拒谏	皮苏卡和达兰德（Piezunka & Dahlander，2015）	显性拒谏（解释）、未来互动、谏言内容、谏言风格	维持关系，提高谏言质量、频率，接受拒绝对员工未来提交想法的意愿有积极影响
领导拒谏	金姆（Kim，2018）	拒谏策略（全面拒谏、诊断、人际敏感性、双边探寻）、谏言质量、谏言频率	维持关系，将拒谏作为一种提高的动力，提升员工谏言质量和谏言频率
领导拒谏	张璇等（2017）、法斯特等（Fast et al.，2014）	谏言内容的挑战性和抑制性	领导者感知威胁而采取拒谏
领导拒谏	陈（Chen，2019）、何等（He et al.，2020）	谏言从认可到实施还需要资源的配合和组织的支持	领导者并非会接纳所有的促进性谏言和支持性谏言
领导拒谏	基亚布鲁等（Chiaburu et al.，2013）	基于动机认知框架，提出领导对谏言的认知动机、意识形态和存在主义反应	当下属向领导提供想法时，谏言被领导主观感知的不同方式解释了领导对谏言的不同反应
领导拒谏	韩翼和肖素芳（2020）	动机认知、维护自尊、保证权威	采取合适的谏言策略以尽可能地减少领导对员工谏言厌恶或抵制
领导拒谏	韩翼和刘庚（2021）	建设性目的和防御性目的，领导主动性反应	领导者为提升员工谏言质量、平衡团队成员关系和维护自身地位而反对员工谏言的主动性反馈行为

资料来源：根据相关文献整理。

　　领导者接收到谏言，首先会分析和评价谏言内容，并给予接受或拒绝的谏言反馈。基于动机社会认知视角，领导拒谏实质上是领导者对员工谏言创意、谏言行为和谏言者的一种消极反应，在内容上可能包括消极的认知评估、情感反应和行为表现，在策略上可能包括直接拒谏和间接拒谏（韩翼和肖素芳，2020）。谏言的挑战性和不确定性会激发领导者认知上的不安全感和管理不确定性，导致领导者抵制变化，进而产生领导拒谏（Chiaburu et al.，2013）。领导纳谏和领导拒谏都是领导者对员工谏言建设性和谏言威胁感的评估过程，当领导者感受到谏言建设性，更倾向于领导纳谏，反之，当领导者感受到谏言威胁感，则更倾向于拒谏。综合来看，领导纳谏与领导拒谏都是领导者对员工谏言的认知反应、情感反应和行为反应。不同的是，领导纳谏强调的是领导谏言反应的积极面，具体表现为领导者对谏言的征询、倾听、认可、采纳、执行等，以及领导者对谏言者的喜欢和较高的绩效评价；相反，领导拒谏强调的是领导反应的消极面，具体表现为领导者由于对谏言内容不满以及感受到地位的威胁而贬低谏言创意、贬损谏言行为、贬斥谏言者（Chiaburu et al.，2013）。从这一点来看，领导纳谏和领导拒谏是对立的，且都属于领导者的谏言反应。

二、概念区分

　　在探讨拒谏时，现有研究也对相关概念进行了分析，主要包括建议反应、负面反馈等概念。梳理这些概念的相关研究能给领导拒谏的研究带来重要启示，并有助于更好地理解领导拒谏的内涵和内容结构。

（一）建议反应

　　管理者在与下属进行信息互动时，特别是在征询员工意见时，他们会进行评估后再决定建议信息的走势，选择接受或者拒绝（Yaniv &

Kleinberger, 2000；Yaniv，2004；Lam，2013）。斯民泽克和巴克利（Sniezek & Buckley，1995）指出，社会压力可能导致接受者不会随意拒绝下级提出的建议——这些建议如果被拒绝，将来他们可能不会再提出。大多数研究者也注意到，接受者并没有尽可能多地遵循信息提供者的建议（或真正从中受益）。事实上，接受者能采纳或接受的建议往往仅占总数的1/4或者更少。这种建议折扣是决策支持证据的力量不足导致的（Yaniv & Kleinberger，2000）。相反，他们无法理解建议者的推理，因此也无法获得证明建议者决策正确性的依据。由于锚定效应，也可能出现建议折扣（Tversky & Kahneman，1974）。因为初始决策起到锚定作用，接受者会受到决策不充分性影响，不会根据建议进行调整（Harvey & Fischer，1997）。

（二）负面反馈

自反馈搜寻行为（feedback seeking behavior）提出以来，员工对其接收到的反馈具有一定的控制权，这一结论已被学界广泛接受（Moss et al.，2003）。然而，反馈不仅是员工的权利，也是领导提升个人决策能力和吸引力的手段（Ashford & Cummings，1983）。在反馈寻求文献中，更多关注员工为了减少不确定和增加印象而与上级的互动管理能力（Moss et al.，2003）。但很少考察低绩效的员工如何通过反馈策略增加对领导者的影响。为此，莫斯等（2003）开发了整体反馈寻求量表，从搜寻、中止和逃避三个方面整体揭示反馈寻求行为。因为员工不仅通过监控，也通过探求（inquiry）来搜寻与绩效相关的环境信息。反馈寻求行为可视为员工使用策略吸引领导注意，以便引出对成功表现的认可，如积极的口头反馈（Morrison & Bies，1991）。在询问员工绩效时，员工会使用多种反馈寻求行为策略，确保获得工作认可；增强主管对其工作质量的认可；通过热情地问候主管来引起他对自己或工作的关注；展现个人工作能力以便主管看到他，并向主管报告任务的完成；通过非正式沟通将信息间接传递给领导。与反馈搜寻行为不同，反馈中止行为是低绩效员工为了改变领导者对其的印象而采取的一种策略，以促使领导者从外部因素方面来寻求员工绩效降低的原因。与此不同，反馈逃避行为被定义为员工旨在完全逃避主管或转移主管的注意力，以避免其不良绩效评价的一种策略（Moss et al.，2003）。

三、概念界定

在对领导拒谏和社会排斥、拒绝的概念进行梳理的基础上，本书认为在以往研究中，关于领导拒谏的概念多是从反馈方式或领导视角出发的，缺乏从员工视角出发来对拒谏进行概念的界定。现有关于领导拒谏的概念可以总结为如下三类：一是基于研究的理论视角为出发点，如韩翼和肖素芳（2020）从行动者目的视角来定义拒谏，认为领导拒谏是领导者为了维护自尊和保证权威而对谏言行为表示厌恶或进行抵制的行为；二是以谏言内容的挑战性和抑制性为出发点，认为当领导者感受到谏言威胁到自我价值时，更可能采取拒谏的行为（张璇等，2017；Fast et al.，2014）；领导者受到资源和组织支持的限制，同样可能拒绝促进性谏言和支持性谏言（Chen，2019；He et al.，2020）；三是基于拒谏策略的选择对员工未来谏言行为的影响进行探讨（Kim，2018）；也有学者从领导者的行为目的出发，将拒谏分为建设性意图或防御性意图，认为拒谏也是领导者为提升员工谏言质量、平衡团队成员关系和维护自身地位采取的一种主动性反馈行为（韩翼和刘庚，2021）。但以上概念的界定并没有从拒绝这一关键行为本身及其相关联的谏言发出者和接受者出发来对领导拒谏进行概念的归纳，以至于部分学者认为拒谏就是纳谏的反面，或是认为拒谏就是没有纳谏。本书认为拒谏并不能等同于没有纳谏，因为两者在涵盖范围和影响机制方面都是不同的，从拒绝的内涵入手，对拒谏进行概念上的界定是必要的。

社会排斥、拒绝的相关概念也并未统一，被学界广泛认可的是斯蒂尔曼等（2009）提出感知到自己缺乏归属感就是一种社会排斥；鲍迈斯特等（2009）提出的社会排斥、拒绝是个体因缺乏对团体的贡献，或行为与团体规则相违背，或自身外在条件，或人格特征本身不善于人际交往等因素，造成团体中他人不接纳，甚至排斥、驱逐的互动关系。威廉姆斯（2007）提出的社会拒绝、放逐是指在没有明确解释和声明的情况下发生的个体或群体排斥和忽视其他个体或群体的现象。虽有学者认为三种表述代表了不同的现象，但主流的研究则认为三者没有明显的差别，不需要进行过多的比较。本书从社会排斥、拒绝的总体概念出发，认为拒谏体现出员工的建议或想法被领导或组织拒绝，情绪产生激烈变化，个人的归属需要和关系需要受阻从而影响行为的过程。因此，本书从拒绝的角度出发，基于社会排斥、拒绝的概念，认为领导拒谏是一种工作场所的拒绝行为，是指领导者无解释地拒绝员工的建议或想法，造成员工情绪变化，个人需要受阻，从而导致员工可能的行为改变。

第三节 员工谏言行为

本节主要对员工谏言行为的概念、相关概念的区分、测量方法及影响因素和结果进行了梳理与综述。

一、概念界定

赫希曼（Hirschman，1970）最初将建议的声音（voice）定义为改变现状的一种表达。以鲁斯布尔特（Rusbult，1985）为代表的学者集中于员工建言研究，认为员工建言是对改进工作中存在问题的一种行为反应。以凡·戴恩等（Van Dyne et al.，1998）为代表的学者则认为建言行为是一种员工的角色外行为，他不只是抱怨不满，而是更加主动的、具有挑战的，以促进组织改进而提出的建设性意见。组织行为学领域从领导与员工关系的研究视角出发，进一步将建言概念化为一种挑战现状、以变革为导向的，为工作单位、组织、其他员工或客户创造更好条件且具有建设性意图的行为（Burris，2012）。在中国情境下，相对于建言，我们认为"谏言"更能体现文化特点，也更贴近本土组织管理情境。虽然时代变迁，古今谏言的环境、影响因素略有差异，但"谏"的形式依然是上下级有效沟通的主要方式，对中国情境下的谏言研究具有极大的借鉴意义。

近年来，研究者从谏言的目的出发，认为谏言行为是一个多维度的构念，学者从不同方面对其进行了归类，凡·戴恩等（Van Dyne et al.，2003）从动机出发将谏言分为防御型谏言、默许型谏言和亲社会型谏言，段锦云和凌斌（2011）基于中国情境将谏言行为划分为顾全大局式谏言（overall–oriented voice）和自我冒进式谏言（self–centered voice）；哈格顿等（Hagedoorm et al.，1999）基于对谏言行为的反应形式，分为关怀型谏言（considerate voice）和侵犯型谏言（aggressive voice）；刘武（2010）等基于谏言对象的不同，将谏言分为对同事的谏言（speaking out）和针对上司的谏言（speaking up）；梁建等（2012）则根据谏言的内容性质将谏言分为抑制性谏言（prohibitive voice）和促进性谏言（promotive voice）。

二、测量方法

现有对谏言行为的研究中，学者们虽然采用了多样化的研究方法进行测量，如实际观察记录的扎根研究、实验法等，但除了这些实际操作方法外，使用量表进行调查研究仍然被大多数学者所采用。

勒平和凡·戴恩（LePine & Van Dyne，1998）开发的自我称述式的单一维度量表，包含 6 个题项，该量表是目前引用较多的量表之一，但也有学者因其包含的范畴大于谏言概念而提出质疑。

哈格顿（1999）针对员工反应提出了众利式谏言和自利式谏言两个维度共 17 个题项的量表，其中包含众利式谏言 10 个题项和自利式谏言 7 个题项，但因其维度的划分，在实际使用上还存在一定的局限性。

普希茂和贝代安（Premeaux & Bedeian, 2003）开发了员工向上级谏言的单维度量表，包含"如果员工认为有需要，他会坚持表达自己的主张"，"工作中有冲突时员工会向上级反映"等 6 个题项。

段锦云等（2011）基于中国情境，开发了顾全大局和自我冒进两个维度共 11 个题项的量表，其中包含顾全大局谏言 6 个题项，自我冒进谏言 5 个题项，该量表更具有中国本土化特色。

梁建等（2012）在对谏言行为概念进行重新概括的基础上，开发了促进性谏言和抑制性谏言两个维度 10 个题项的量表，其中包括促进性谏言 5 个题项，抑制性谏言 5 个题项，该量表因二维结构且具有较高的信效度而被广泛引用。

三、影响因素

国内外学者通过大量的研究探索，发现影响谏言行为的因素主要有个体因素、领导因素以及组织因素。

（一）个体因素

个体因素涵盖范围较广，在组织行为学领域的研究中主要探究了个性特征、认知与个体情感对行为的影响。

1. 个性特征

个性特征是指个人与生俱来的性格及品质，也包括后天受环境影响而形成的个人特点，这些性格、品质及个人特点是相对稳定的，且会对个体的行为产生影响。现有对个人特质的研究主要集中在大五人格特质对个体行为的影响。在谏言研究中，不同类型的人格特质对员工的谏言行为会带来不同的影响。勒平和凡·戴恩（2001）研究发现具有外向性特质的员工更倾向于谏言；邓今朝和樊洪（2014）也发现尽责性会导致正向的员工谏言行为，而宜人性则会导致负向的员工谏言行为。基亚布鲁等（Chiaburu et al.，2011）的元分析结果进一步证实了开放性会促进谏言等具有变革导向的组织公民行为。梅恩斯和波达萨克夫（Maynes & Podsakoff，2014）通过研究进一步验证了不同的人格特质与不同类别的谏言之间的影响作用，宜人性、神经质会负向影响防御性谏言，开放性、外向性会正向影响支持性谏言。除了大五人格外，主动性人格（Chamberlin et al.，2017）、性格导向（Kakkar et al.，2016；Tangirala et al.，2013）、权力距离导向（Botero & Van Dyne，2009）等也会对员工谏言行为产生不同的影响。研究发现，主动性高的员工更愿意寻求工作突破与创新，也更加倾向于主动表达观点和想法（Fuller & Marler，2009）。而具有外向、活泼等性格特质的员工相对于羞怯、内向性格特质的员工会更加乐意在工作中积极表达自己的观点、意见或建议（Crant et al.，2011）。权力距离同样会影响员工的主动性行为，具有高权力距离的员工相对于低权力距离的员工更加回避如谏言等具有挑战意义的行为。

2. 个体认知、情感

社会心理学通过大量研究表明个体的认知与情感会影响个体的行为。谏言作为一种具有组织公民特征的角色外行为，必然也会受到个体认知和情感的影响。学者通过研究发现心理安全感、自我效能感、权力感、工作压力等会在不同程度上影响员工的谏言行为。皮特和伯里斯（Detert & Burris，2007）通过研究发现心理安全感越高的员工更敢于主动向组织提供建议或意见。自我效能感是指当员工谏言时，感知到期望的结果与被认同的现实之间的匹配程度，谏言者的自我效能感会显著正向影响员工的谏言行为（段锦云等，2012）。来自工作中的压力源会诱发压力过程并刺激员工产生工作压力，挑战性工作压力会促进谏言行为，而阻碍性工作压力会抑制谏言行为（赵延昇和李芬芬，2016）。权力感作为员工的基本需要之一，其满足程度会进一步影响员工的情感与行为，研究发现权力感知越高的员工向组织谏言的可能性越高（段锦云和黄彩，2013；荣琰等，2016）。此外，工作满意度和责任感也会影响员工的谏言行为，工作满意度越高，谏言的积极性越强（Wheeler-Smith & Kamdar, 2011），工作责任感越高，则越可能主动向组织提供谏言（黄攸立和张洁，2016；Chhamberlin et al., 2017）。

（二）领导因素

员工的谏言行为不仅会受到来自个体特征的影响，同时也会受到自谏言接受者一方的领导因素的影响。现有研究中关于领导因素对员工谏言的影响主要聚焦于领导风格对谏言行为的影响作用（段锦云等，2016；胥彦等，2018）。不同的领导风格对员工谏言行为的影响也不尽相同。学者根据领导特质、管理方式和对员工行为影响等因素将领导风格分为正面和负面两类。正面的领导风格如包容型领导、变革型领导、谦卑型领导、服务型领导、家长式领导等，研究者认为正面的领导风格会积极影响员工的谏言行为。通过研究发现，包容型领导会正向影响员工谏言行为，并通过增强员工的归属感进一步强化两者间的正向关系（齐蕾等，2019）。变革型领导更注重建立良好的组织氛围，不断激发下属潜力，因此，变革型领导会更加支持并促进员工的谏言行为（Detert & Burris, 2007；周浩和龙立荣，2012）。谦卑型领导具有"自上而下"的管理特质，会更愿意倾听来自员工的意见或建议（张军成，2016）。道德型领导、服务型领导和家长式领导更加尊重和支持员工，在提升员工安全感和效能感的同时，能进一步促进员工主动谏言（梁建，2014；段锦云等，2016）。典型的负面领导风格如权威领导和辱虐管理则会削弱员工的积极性，对员工谏言产生消极影响。权威领导注重个人权力感，强调自主决策，当员工谏言时会增加其权力威胁感，因此会导致员工不敢谏言（马贵梅等，2014）。辱虐管理虽出于工作督促的意图，但对员工造成了极大的压迫感，进而会抑制员工的主动性行为（Tepper，2000）。同时，李树文等（2019）认为双元领导具有较高的领导开放性，强调在管理中运用权变的方式处理管理问题，虽然在一定条件下会促进员工谏言，但在双元权威领导下也可能会抑制员工的谏言行为（张兰霞和孙琪恒，2020）。与双元领导既有相似又存在差异的悖论式领导，因其具有矛盾却又追求动态均衡的特点，以及开放性的管理模式，对员工的谏言行为具有积极影响（李锡元等，2018）。

（三）组织因素

员工谏言不仅会受到个人特质和领导因素的影响，也会受到组织氛围等因素的影响。学者们通过研究证明了员工处于开放、公平、鼓励创新或支持谏言的工作环境中有利于员工积极向组织谏言（Axtell et al.，2000；Choi，2007；Hsiung，2012）；相反，如果员工处于不公平、否定创新或不支持谏言的环境中，则更倾向于保持沉默或不敢谏言（Choi，Anderson & Veillette，2009）。钱伯林等（Chamberlin et al.，2017）也发现了对员工谏言造成影响的最重要因素之一是工作情境。良好的组织氛围会给予员工安全感，对员工的谏言行为具有显著的积极影响（Morrison，2011；段锦云和田晓明，2011）。组织谏言氛围、职场支持或排斥同样会对员工的谏言行为造成一定的影响。组织可以形成谏言或不谏言的氛围，而组织谏言的氛围对员工谏言行为会产生特别强烈的影响（Morrison & Milliken，2000）。研究表明，组织支持能够促进员工谏言行为的发生，而组织中的同事行为也同样会影响到员工的行为。同事出于自己的认知和判断选择支持或不支持员工的谏言行为，而这种认知导致行为的过程是会受到来自组织氛围的影响，当组织表现为接纳或鼓励员工谏言的氛围时，同事间会更加信任彼此，员工会因心理安全感的提高而更倾向于向组织谏言；当组织表现为拒绝或厌恶成员谏言的组织氛围时，同事可能会认为员工的谏言是出于讨好上司、印象管理等目的，因此导致同事欺凌或职场排斥（Leymann，1990；Mikkelsen，Høgh & Puggard，2011；Baillien et al.，2015；詹小慧等，2018）。

四、拒谏影响员工行为动机的相关因素

本书根据社会排斥理论的需要—威胁时间模型构建了拒谏影响员工行为动机反应模型（见图2-2）。认知是一种思考，是一个人第一次意识到刺激，并对这些刺激的重要性进行评估，尔后考虑可能的行为反应的过程（Scherer，1999）。认知反应对行为反应的影响是远端的，是通过情感、需求反应的中介而产生，并且受到个体差异和情境因素的影响，最终形成行为反应动机。排斥是一种主观感受，不能外在或具体化，威廉姆斯（2009）通过反复实验证明排斥的即时直观的感受即疼痛感，当员工谏言被拒绝，员工即时反映出痛苦的感受并产生情感认知，情绪体现为悲伤、愤怒和焦虑。同时，被拒绝会触发需求认知，感知需求威胁，即归属感、组织自尊、控制感和存在意义受到威胁。

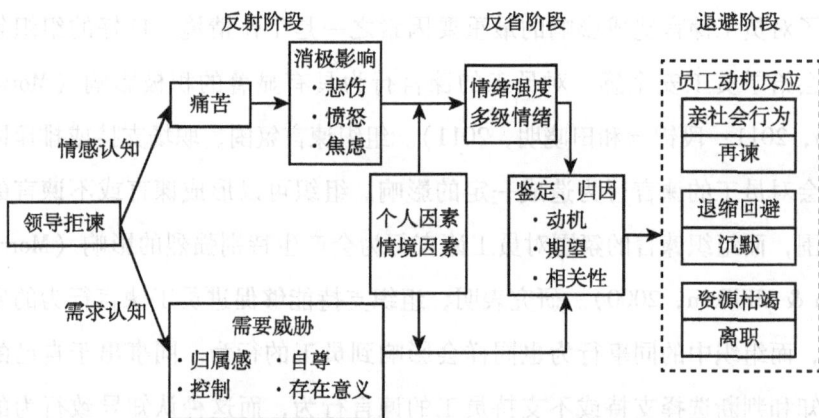

图2-2　拒谏影响员工行为动机反应模型

（一）情绪

情绪和行为是密不可分的。布朗等（Brown et al.，2010）研究发现，以往在解释领导力和员工行为之间关系时存在三种主要的路径：认同、匹配和情绪。悖论理论认为，在经历新的突出矛盾时，行动者无法调和矛盾元素，并以困惑、无知、焦虑和防御的态度对其做出反应（Jarz-abkowski, Lê & Van de Ven, 2013; Lewis, 2000; Vince & Broussine, 1996）。情绪事件理论认为员工经历的工作事件是其情绪的重要来源，社会排斥给被排斥者的认知、情绪、行为、人际关系、自尊等带来很大的影响。

遭受排斥是一种消极的经历，它首先在情感上令人痛苦，对行为人的负面影响增加，出现焦虑、悲伤和愤怒的情绪反应，积极影响不断减少。悲伤和愤怒从表面上看是一种负性情绪，会对行为有消极影响，但哈蒙－琼斯等（Harmon-Jones et al.，2011）认为，负性情绪往往是高动机性的，它们会激发一些积极因素，悲伤、愤怒可能会激发人的内在动机，表现出更为积极的行为反应，如努力学习提高自我价值以改变这种局面，因此愤怒可能对谏言行为产生正向的影响作用。谏言本身就是为了改变现状而提出的一些意见和想法，当然也可能因为悲伤、愤怒，员工对组织建设与发展变得漠不关心，而是选择沉默或者隐忍，不再采取行动。基什－詹妮弗等（Kish-Gephart et al.，2009）认为，员工在面对权威人士时，自身的恐惧情绪会对行为产生重大影响。因为害怕这种行为会激怒权威人士，这种恐惧会自动引发对潜在负面后果的认识，从而使员工退缩以回避风险。

情绪可以提高行为程序的准备程度，但是情绪的激活取决于情境制约（Frijda, 1986）。对这种变化的一种解释是，情绪对行为的影响是通过学习不断改变的，并适应于特定的环境（Barrett, 2006; Russell, 2003）。特定的情绪不会产生特定的行为或行为倾向。相反，在特定情况下，情绪对行为的影响取决于先前的经验、当前的目标和二次评价，这些结合起来产生的行为最有可能使成本最小化，收益最大化（Russell，2003）。摩尔（Moors，2017）认为情绪不一定会触发一系列固定的反应。相反，情绪反映的是对与目标相关信息的评估。这样的评估可以确定相关的目标和手段，这些目标和手段被选择为其预期效用函数。因此，悲伤、愤怒等情绪在某些情况下可能导致攻击性，但在其他情况下则不然。这也说明了之前研究发现愤怒会导致亲社会行为的观点是确实存在的。

（二）需要威胁

威廉姆斯提出的社会排斥威胁了人的四种基本需要，即归属感、自尊、控制感和存在意义，研究拒谏对员工的影响是为了进一步强化需求，降低排斥带来的伤害—消极行为动机。

1. 归属感

鲍迈斯特和利里（1995）在《归属的需要》中，将归属感定义为人类的基本需要之一，具有很强的驱动力；如果不能与他人建立并保持持久的人际关系，个人在生理和心理上会遭受双重的痛苦。归属需求动机能够对个体的情绪状态、认知过程和群体行为产生复杂和强烈的影响。人们需要归属感，而归属感的威胁是非常真实的。杜建政和夏冰丽（2008）认为社会排斥是由于遭受到社会团体或他人的排斥或拒绝，导致一个人的归属需求和关系需求受到阻碍的现象和过程。鲍迈斯特等（1995）认为社会排斥阻碍了归属需要；利里等（1990）也支持归属感受阻理论，认为社会排斥降低了人与人之间的关系价值（relational value），即个体觉得他人对他们之间关系的重视程度没有自己高。如果员工能拥有向领导表达意见的机会，他们会感到被重视，并在其自我定义中包含组织属性（Tangriala & Ramunjam，2008），从而增加承诺和组织认同。组织认同通过帮助和改善组织动机来培养和鼓励员工的谏言行为，员工感知组织认同感越强，员工谏言的积极性就越高；相反，一旦感知归属需要遭受威胁，归属感降低则会促使员工作出消极沉默或不再谏言的行为。

2. 自尊

自尊是个体对自我能力和价值的整体评价。自尊是一个多层次多维度的构念：在层次上，可分为一般自尊（global self-esteem）以及任务或情境有关的自尊等；在维度上，可以划分为社会、学业、伦理、工作等多方面的自尊。在考虑排斥的自我归因时，研究者会考虑自责的思想、不当行为、卑鄙、自私等。员工不只是简单个体，更多的是作为组织中的个体来探讨，所以本书所探讨的自尊实际是组织自尊。组织自尊（organization-based self-esteem，OBSE）是员工在特定组织环境中对自我的评价，体现了员工通过扮演组织中的角色而感受到的内在需要得到满足的程度，是个体在工作和组织中的自我概念，与员工在工作场所中的行为密切相关。自尊需求受到威胁会造成员工自信心降低，谏言行为的风险性感知增强，从而产生畏惧或退避行为。

3. 控制

在组织研究中，我们认为控制主要来源于权力感和自我效能感。权力感是员工从与同事、领导的交往过程中获得的信息，这些信息对员工组织自尊的作用受到员工信息筛选和整合过程的影响。由于管理者和员工都在寻求控制权，双方在结构上存在对立的利益。组织的发展需要促使双方为避免对立带来的利益损失而主动或被动地寻求潜在的共同目标，例如公司的持续生存（Edwards，Bélanger，& Wright，2006）、创造合作机会（Dobbins & Dundon，2017；Edwards & Ram，2009）和组织效率（Johnstone & Wilkinson，2016）。自我效能感对员工的内在动机具有调节作用，人们在内在动机驱动下从事某种行为，是因为员工相信自己的谏言对组织是有意义的，是自我能力的一种体现；因为相信这是个人能力可以做到的，所以从事内在动机的活动可以给谏言的员工带来个人满足感。如果员工的谏言得到领导的认可，员工会认为这是一种回馈或回报。回馈有助于人们去坚持从事一项活动，直到他们获得足够的自我效能感。

当拒绝谏言事件发生后，积极谏言的员工认知自己的行为并不被领导认可，没有产生预期的回报，员工追求为组织发展争取利益的权力感丧失，胜任需要和自主需要得不到满足，自我效能感不断降低，导致退避行为；如这种情况持续较长时间，则会导致个体资源枯竭，出现离职倾向。

4. 存在意义

员工在组织中的存在意义体现为自我实现。当人们有意识地对自己的行为赋予价值，并将这种行为看成个人的重要品质时，是以认同或内化别人看待此行为的观点为基础的。员工向领导谏言是一种主动行为，是因为他想为组织提供意见或建议，并且认为这是符合其个人的价值观和需要的。根据马斯洛的需求层次理论，人不仅有实现温饱的基础性需要，也有追求社会认可和自我实现的高级需要。员工在组织中积极表达意见建议的行为，实际是一种获得组织认可并满足个人自我实现的一种需要。当这种需要不能被满足时，员工便会产生不满情绪，进而影响到员工的组织承诺、工作满意度，表现出情绪耗竭、压力、幸福感降低和离职倾向等心理感受。

（三）个人差异和情境因素

社会认知理论认为，组织中个体的认知因素对行为决策具有重要作用，个体行为的形成和维系是个体行为及环境间持续相互作用的结果，个体的内在认知和外部环境共同决定了个体的行为（Bandura，1982）。社会排斥理论则认为，情境因素和个人差异对目标对象的影响在不同时间阶段程度不同。反射阶段，个体即刻感受到的痛苦和苦难受情境因素和个人差异的影响不显著。但在反射阶段，被排斥的人会反思排斥经历的意义和相关性，如果值得关注，他们将以强化需求威胁的方式思考和行动。在反省阶段，情境因素和个体差异发挥了重要的作用，并且可以实现放大或最小化行为反应和应对方式的愿望。如果长时间被排斥，个人的应对资源就会枯竭，员工可能会感到疏远、沮丧、无助和无用。

1. 个人差异

个体差异包含内容宽泛，将个体具体化为组织中的员工，研究的重点则更倾向于探讨人格特质对员工行为动机的影响。奥尔波特（Allport，1937）的人格特质理论认为，特质说明了人的行为具有恒常性，它构成一个人完整的人格结构，并影响人的思想和行为。通过人格特质使许多刺激在机能上等值起来，并表现出一致性的反应，它使个体对不同种类的刺激以相同的方式表达。特质有个体特质和共同特质之分。个体特质是某个特定的个人具有的与他人存在差异的特质。心理学家艾森克（Eysenck，1967）在特质理论的基础之上，通过将因素分析法与传统心理学试验相结合，经过长期研究所形成的人格维度理论。该理论将人格特质分成了三个维度。E（introversion – extroversion）维度：内—外向维度。性格外向者表现为更喜欢表露自己的真实情感、冲动，喜欢与不同的人交流沟通，更倾向于冒险和寻求刺激；性格内向者则不喜欢发表自己的意见及想法，不喜欢刺激，为人保守。P（psychoticism）维度：精神质维度。高精神质维度者往往表现出焦虑、紧张的情绪，情绪波动较大，遇到刺激反应强烈，有时会出现不理智行为；低精神质维度者则表现出情绪反应较为缓和，遇到刺激后情绪比较容易平静下来，有较强的自我控制能力。N（neuroticism）维度：情绪稳定性维度。高情绪稳定性者对他人漠不关心，孤独，难以适应外部环境，与他人沟通或交际困难，固执倔强；而低情绪稳定性者则具有较好的外部环境适应性，有良好的人际关系，为人温和，能够听取他人的意见。个人特质的不同对拒谏事件的接受程度不同，个体的情绪反应和行为反应也会产生极大的差异。这也就解释了同样在谏言被领导拒绝之后，主动型人格的员工却表现出积极反应，将拒谏作为一种激发学习和自我提升的动力，增加未来的谏言数量和质量（kim，2018）。而非主动型人格特质的员工出于自我保护、避免徒劳无益的努力等动机，会选择退避及沉默；如果员工长期处于这种无反馈的拒绝压力中，逐渐资源耗竭，就会产生离职倾向。

2. 情境因素

研究人员普遍认识到,个人往往对组织环境中发生的事件有情绪反应(Weiss & Cropanzano, 1996)。众所周知,不利的工作环境会产生强烈的负面情绪(Rozin & Royzman, 2001)。情境因素对员工在组织中主动的谏言起着关键作用,因为员工依靠来自其工作环境的线索作出谏言还是保持沉默的决定(Dutton, Ashford, O'Neill, Hayes, & Wierba, 1997; Morrison, 2011)。个体因素对员工行为具有影响作用,这种作用基于人格特质表现出更为规律的特征,而不同情境下的组织因素(如组织氛围、组织结构和团队协作等)对员工行为动机的影响作用却更为复杂。首先,员工个体特征具有相对稳定性,对企业而言不易控制和改变;情境因素体现出既可控又不可控的特点,存在如突发事件、领导变动、制度改革等多样性变化的可能性。其次,应对特定情境而产生的员工行为动机更为复杂,目的性强,如员工认为领导拒谏是组织不公平,或认为组织沉默氛围造成了个人的谏言行为得不到回馈,认为谏言行为是徒劳无益的。较之因个人特质而产生的归因,因情境因素产生的归因更具有报复性动机,且目的性强,对组织的伤害更大。

五、拒谏对员工行为动机的影响结果

人类生存状态的独特性之一就是人们会对某一种处境或状态的爱恨交织,喜忧参半。动机是指一组源于个体内部和外部的能量,用以引发与工作相关的行为(Pinder, 2008)。动机是行为的直接驱动因素,行为的研究实际上是对行为动机的探讨。当人们受到外在动机影响开展工作时,他可能只是按照计划或规定去完成工作目标;当某项活动受内在动机驱使时,人们更关注活动本身且自发进行。自我决定理论认为,内在动机是根据人们自发兴趣进行探索,掌握新信息,尝试新体验的一种动机,当人们在能力、交往、自主等方面的需求得到满足时,就会产生内在动机。但当这些需求受到阻挠而不能被满足时，就不会产生内在动机。纳谏相关研究发现，员工谏言未被领导采纳会对谏言者与该组织的关系以及将来向该组织提交想法的意愿产生负面影响。但皮苏卡（2018）研究发现，组织可以通过提供一种迄今为止尚未充分研究的反馈形式——拒绝——来提高员工提交进一步想法的意愿，即员工收到拒绝对将来提交想法的意愿会产生积极影响。目前，领导拒绝谏言会对员工产生怎样的影响并不明确，本书认为基于员工行为动机反应模型框架下，以员工行为动机驱动的行为会产生三方面的影响。

（一）亲社会行为动机——再谏

拒绝的影响具有持续性，甚至可能伴随一生。实践研究并没有明确被拒绝或排斥的经历会导致正向还是负向的结果。虽然主观认为排斥经历更多地会给排斥者带来消极影响，但研究发现有被排斥经历的人也可以从他们的经历中成长并体验积极的结果。个体的行为受动机的驱动，如前所述，个人特质和环境对于员工的行为动机具有影响作用。员工谏言的目的是组织改善和提高，是一种具有主动性、自发性的行为，其本身就体现出亲社会行为的特点。当员工受到亲社会动机激励时，他们会更关注未来，因为他们不仅希望努力完成任务，更期望能实现社会价值（Grant，2008）。当员工通过工作造福、帮助和为他人做好事来激励他们的工作时，会表现出更强的主动性，遵守组织的规则，并成为对组织忠诚的积极成员。目前的研究也证实了这一观点，当员工受到内在激励时，他们更有可能将亲社会动机（即通过工作造福他人的愿望）转化为公民行为。皮苏卡（2018）研究发现明确的拒绝会增加新员工继续与组织互动的意愿。因为员工会认为自己的意见虽然被拒绝了，但组织是关注和鼓励员工的谏言行为的，而不只是反对或讨厌员工提出意见。虽然这个结论有违于日常的认知，但我们认为这正是谏言者在被拒绝事件后表现出的亲社会行为动机。

那么员工如何看待领导者拒谏呢？已有研究发现，价值观和心理成本是影响个体亲社会行为的重要变量。自我肯定理论（self-affirmation）和自我一致性（self-consistency）观点都认为对人们自我评价造成威胁的事物会使其失调，人们为了维护自我的需要而采取措施以对抗威胁（Steele，Spencer & Lynch，1993）。个体在认知加工过程中遇到无法做出决策的情况时，会依靠个人的价值系统来做出行为判断。研究发现，社会型、理论型价值取向的个体大多表现出更多的亲社会价值取向，经济型价值取向的个体则表现出更多的亲自我价值取向。因为前者对拒绝保有积极反应，将拒谏作为一种提高的动力，而后者将拒谏视为一种对自我的威胁（Kim，2018）。心理成本同样影响亲社会行为。在社会学研究领域，心理成本指在社会中从事某项活动或实现某个目标时，在情感和人格方面所付出的成本。大量实证研究证明，人们更愿意在付出较小心理成本的状态下做出亲社会行为。不同价值观的人们对同样一件事所愿意付出的心理成本是不同的，会根据不同的预期、不同的认知，对实施行为所需付出的代价进行评估，最终采取的行为也不同。在特定的情境下，亲社会价值取向未必能成为最突出的动机，它对亲社会行为的影响必须借助于情境的激活作用以及其他各种人格和情境因素。所以接下来我们会讨论拒谏造成的其他行为动机反应。

（二）退缩回避——沉默

当谏言者停止与一个组织互动，不再为组织提供自己的想法时，负面影响就已经产生了。组织错过了纠错和改变的机会及可能性，哪怕只是员工的一个想法。学术界关于沉默是作为"大声说出建议"的对立面，还是处于不同结构中的争论还在继续，不论个人层面或是组织层面的关于沉默的研究已经有了一定的成果。员工沉默一方面可能是员工有目的地隐瞒与他们的工作和工作组织相关的想法、问题、顾虑、信息或意见（Van Dyne，Ang & Botero，2003）；另一方面，可能是员工在工作中"过得去"的一种基本应对机制。

本书认为沉默是具有两种内涵的，即防御性沉默和对抗性沉默。员工谏言被拒绝会触发员工对所处环境和谏言后果的自我评估，一旦认为谏言的行为是无效的，没有人听见自己的建议，那么员工就会选择保持沉默。被拒绝事件会导致需要威胁感知高的员工心理安全感降低，表现出"防御性沉默"。这在一定程度上反映了工作场所的"心理安全"，承认管理层对谏言持负面态度的员工可能会因为"害怕"报复而保持沉默。然而，沉默不只是不再表达意见，他还具有"报复"和"抵抗"管理者的一面。员工经历谏言被拒绝事件后，试图通过隐瞒可能会改善工作或组织成果的信息和想法来"报复"管理层先前的一些决定或强加的条件。组织长期无法为员工提供发言机会或谏言长期不被采纳，员工群体会形成作为一种抵抗形式或员工因害怕管理层报复而退出的沉默文化。

（三）资源枯竭——离职

资源保存理论认为，与获取资源相比，避免资源损失对个体更为重要，为了防止资源的持续丧失，个体更倾向于采取行动保护现有的资源以减少损失。拒谏作为一种排斥行为，会让员工感知到领导可能给予的支持性的社会资源减少，员工出于自我资源保护的需要，将采取退避的行为（如沉默或更加遵守规则）来减少资源的耗损。当员工感知持续性排斥或长期得不到回馈时，员工就会习惯于当前的状态，表现出情绪上的麻木。从本质上说，如果情绪是为了行动，那么情感上的麻木就是一种被动、放弃、心理麻痹的信号。被排斥者难以从领导那里获得资源来弥补已经丧失的资源，持续性的担忧激活了资源消耗过程，不断积累的资源损耗会导致个体资源枯竭。当个体资源不断减少时会引发个体情绪耗竭、退出等行为以保护自身资源，员工会出现离职倾向或意愿。

第四节　研究述评

通过对相关文献的整理汇总发现，现有文献对领导拒谏的研究尚存在以下问题。

第一，现有文献对领导拒谏的概念内涵概括不足。研究的基础首先是对相关概念的界定，领导拒谏是一种较为常见的管理事件，但在谏言领域中相关研究还处于起步阶段，概念的界定不够全面。现有关于领导拒谏的概念可以总结为如下三类。一是以研究的理论视角为出发点。如韩翼和肖素芳（2020）从行动者目的视角来定义拒谏，认为领导拒谏是领导者为了维护自尊和保证权威而对谏言行为表示厌恶或进行抵制的行为。二是以谏言内容的挑战性和抑制性为出发点，认为当领导者感受到谏言威胁到自我价值时，更可能采取拒谏的行为（张璇等，2017；Fast et al.，2014）；领导者受到资源和组织支持的限制，同样可能拒绝促进性谏言和支持性谏言（Chen，2019；He et al.，2020）。三是基于拒谏策略的选择对员工未来谏言行为的影响进行探讨（Kim，2018）；也有学者从领导者的行为目的出发，将拒谏分为建设性意图或防御性意图，认为拒谏也是领导者为提升员工谏言质量、平衡团队成员关系和维护自身地位采取的一种主动性反馈行为（韩翼和刘庚，2021）。通过对领导拒谏现有概念的梳理可以发现，关于领导拒谏的概念多是基于研究理论、谏言内容、领导拒谏策略或领导者行为目的视角进行总结归纳，缺乏从拒绝这一关键行为本身及其相关的谏言发出者和接受者的角度对领导拒谏概念进行归纳，以至于部分学者认为拒谏就是纳谏的反面，或是认为拒谏就是没有纳谏。目前学术界对领导拒谏的研究不能全面地概括领导拒谏的概念内涵，因此，本书认为需要从不同视角对领导拒谏的概念进行总结，进一步丰富领导拒谏的概念。

第二，领导拒谏对员工未来谏言行为的影响研究较为缺乏。现有关于谏言的相关研究相对于将拒谏作为独立的研究对象，更倾向于将其归为领导没有纳谏，然而拒谏与没有纳谏不论是程度还是影响机制都具有极大的差异。现有对拒谏从前因到结果的研究还存在诸多空白。领导谏言反应研究的结果通常都是从社会功能失调角度考虑员工对领导负面反馈的消极影响，如员工报复组织、犬儒主义、退出组织等。也有研究发现，管理者始终将谏言看作一种威胁（Cupach & Carson，2002），因此诱发领导拒谏，并最终导致员工未来不敢谏言，甚至可能会离开组织。在现有文献中，相较于在现实中更为频繁发生的拒谏，学者们更多地关注于谏言者和领导纳谏（Bonaccio & Dalal，2006），但对于领导拒谏对员工未来谏言行为的影响研究还不丰富。员工提供的建议或创新的想法是创新过程的起点，而员工在下一阶段的意见建议等想法的产生可能会受到前一阶段建议被拒绝经历的影响。为了让组织真正从员工的谏言中受益，之前关于谏言的文献很大程度上假设员工会不止一次地向领导或组织提出意见和建议。然而，这种未来导向的行为很可能取决于管理者如何回应员工的谏言，而这种回应不仅指纳谏，还应包括拒谏。根据文献梳理，目前学术界对员工谏言被领导拒绝后，是愿意继续保持与领导的主动互动，还是保持沉默，甚至加速员工离职还存在矛盾与争议，是什么因素导致拒谏结果的不同以及它们之间的作用机制，值得我们在后续研究中更加深入的探讨。

第三，以往关于领导拒谏研究的理论基础和视角较为单一。首先，现有文献多倾向于在领导与员工、同事与员工的二元关系中探讨拒谏对员工未来谏言行为的影响，但在组织中发生的领导拒谏事件影响员工行为的过程中，领导、同事与谏言员工之间构成了一个完整的组织行为体系，即员工的行为不仅来自于对领导的认知，同时会受到同事的影响，三者之间影响作用机制是不能割裂的。其次，现有关于领导拒谏的相关研究还未形成体系，对其前因及后果的研究还都存在诸多空白，仅有的少量研究主要是从领导者视角出发，通过认知动机理论探讨了领导拒谏的维度和前因（韩翼和肖素芳，2020；韩翼和刘庚，2021），或探讨领导拒绝策略的类型影响拒谏的后果（Kim，2018）。根据 EVLN 理论（Exit, Voice, Loyalty, Neglect）（Hirschman，1970），领导拒谏对员工谏言行为可能带来积极影响，也可能带来消极影响。被领导拒谏的员工既可能遭受打击，为维护自身利益和资源而选择沉默应对（Morrison & Milliken，2000；Pinder & Harlos，2001；Van Dyne et al.，2003），也可能采取提高谏言质量等积极行为来修复关系需要和提升效能需要（Van Dyne et al.，2003；Piezunka & Dahlander，2015），而最坏的结果则是感知关系无法修复，资源耗竭而导致离职（Tepper，2001）。综上所述，以往关于领导拒谏影响的后果研究多基于认知理论或领导视角的研究范式，理论视角单一，缺乏从拒绝行为的角度去探讨这一问题，在现有研究的基础上需要更多的理论来阐释领导拒谏与员工未来行为间的影响机制，因此，本书将从拒绝的视角出发，在领导、同事、谏言员工构成的组织行为体系中，采用社会排斥、拒绝研究中经典且适用范围广泛的理论来构建研究框架与模型，进一步拓展研究的理论基础与视角。

第三章

领导拒谏与员工谏言的理论基础

谏言是一种具有主动性特征的组织公民行为,即员工是有意识地选择是否谏言以满足某些需要或动机(Penner et al.,1997)。谏言行为的成功与否会影响到个体后续的谏言行为。从班杜拉的自我效能理论(self-efficacy theory)来看,上级对谏言的积极回应会增强员工的效能感(Morrison & Milliken, 2000),进而促进员工产生更多的谏言行为。反之,消极的谏言回应(如忽视、回避、拒绝)加重了员工的挫败感(Milliken et al.,2003),可能会减少员工后续的谏言行为。另外,自我消耗理论(ego depletion theory)认为谏言行为对员工心理能量的消耗会减少后续的谏言行为(Lin & Johnson, 2015)。根据 EVLN 理论(Hirschman, 1970),领导拒谏对员工谏言行为可能带来积极影响,也可能带来消极影响。被领导拒谏的员工既可能遭受打击,为维护自身利益和资源而选择沉默应对(Morrison & Milliken, 2000; Pinder & Harlos, 2001; Van Dyne et al.,2003),也可能采取提高谏言质量等积极行为来修复关系需要和提升效能需要(Van Dyne et al.,2003; Piezunka & Dahlander, 2015),而最坏的结果则是感知关系无法修复,资源耗竭而导致离职(Tepper, 2001)。

　　本章将主要对本书研究所涉及的理论基础从理论的内涵概述和应用两个方面进行叙述。本书基于需要—威胁时间模型，从整体上围绕领导拒谏展开讨论，具体论述了当领导拒谏后，对员工未来谏言行为所产生的影响效应及形成机制。围绕这一研究主线，为了更为清晰地阐明领导拒谏产生的影响效应及路径，本书将运用情感事件理论、调节焦点理论和动机归因理论进行论述。在此对各个理论进行介绍，阐明相关理论之间的联系，并对如何运用理论来构建本书的总体理论模型进行说明。

第一节　需要—威胁时间模型

　　需要—威胁时间模型阐释了社会排斥通过影响被排斥者的情绪和需要威胁进而影响其行为动机的过程。基于排斥事件发生后，被排斥者情绪和需要威胁对其行为动机的影响，威廉姆斯通过实验发现个体遭受他人或组织的排斥、拒绝后会产生三个阶段的心理行为反应：反射阶段（reflexive stage）、反省阶段（reflective stage）及退避阶段（resignation stage），不同的阶段情绪和需要威胁对行为动机的影响存在差异，即行为不是单一的而是多元的，不是固定的而是变化的。

　　在社会群体中，排斥是一种普遍存在的现象，包括采用直接的拒绝或是间接的忽视行为将某人或某个群体排除在外的现象（Lee et al.，2012）。1990年以前社会心理学还未将社会排斥作为其研究的对象，直到20世纪90年代中期，排斥才作为一种独立的研究内容进入社会心理学研究者的视野之中。目前，学术界对社会排斥的概念并没有统一，依然存在各种派别、各种立场的不同概念，但其中以社会排斥（social exclusion）、拒绝（rejection）和放逐（ostracism）最为学界所普遍认可。社会排斥是指感知到自己缺乏归属感（Stillman et al.，2009）；拒绝是指另一方不愿意接受的某种联系或关系（Blackhart et al.，2009）；放逐则指个体或团体排挤和轻视其他个体或团体,而这种现象的产生并未给予明确的解释和拒绝的声明。本书认为从社会排斥的总体概念出发,拒谏都体现出员工的建议被领导或组织拒绝,个人的归属需要和关系需要受阻的过程。关于社会排斥的理论总体上可分为两类:强调资源限制的理论和强调动机的理论,本书采用威廉姆斯为代表的强调动机的需要—威胁时间模型来构建探讨拒谏对员工行为动机影响的理论模型。

威廉姆斯(2009)基于访谈和定性数据分析提出的需要—威胁时间模型,阐述了在动态的时间变化中,排斥、拒绝对被排斥者情绪、需要及行为动机的影响。该模型发现遭受排斥的人在被排斥后会产生三个阶段的心理行为反应:反射阶段、反省阶段及退避阶段,具体内容如表3−1所示。

表 3 −1 需要—威胁时间模型

时间阶段	刺激	心理行为反应
反射阶段	对微小刺激反应强	负性情绪增加,积极情绪减少,需要满足受阻
反省阶段	对排斥发生的原因和重要性归因	受到在个体差异和情境因素的影响下个体出现不同的行为反应
退避阶段	资源耗损严重,对刺激表现情绪麻木、钝化	孤立无助,变得抑郁,价值感丧失,产生自我排斥现象

排斥来源于受排斥者主观的认知,不能外在化或具体化,威廉姆斯(2009)通过研究证明了被排斥者的情感会受到影响,表现出愤怒、悲伤和焦虑情绪。同时,排斥作为一种独特的人际厌恶行为,会威胁到被排斥者的四个基本需求:归属感(Baumeister & Leary, 1995);保持较强的自尊心(Steele, 1988; Tesser, 1988);需要感知对一个人的社会环境的控制权(Burger, 1992; Peterson et al., 1993);以及需要被认可、存在并值得关注(Greenberg et al., 1986)。在反射阶段,情境因素对被排斥者心理恢复的速度和应对威胁需求的行为选择起着重要作用。

当被排斥者察觉到排斥带来的消极情绪和需要威胁,注意力集中于被排斥的经历，被排斥者进入反省阶段。被排斥者通过归因认知到排斥产生的动机、含义及相关性后，基于自我保护意识，被排斥者会进行需求设防；基于对排斥产生的动机归因影响，被排斥者一方面采取积极的行为反应，表现为更具社会性、合规办事、重视人际交往、期望获得关注；另一方面也可能激发消极报复的行为反应，如攻击、挑衅、报复等。研究者基于访谈和定性数据分析阐述了排斥对个体的长期影响，认为被排斥者应对和强化需求的能力会随着时间的推移而减弱，被排斥者会因为资源枯竭，无法强化需求而表现出行为异化，抑郁和无助，最终产生退避和自我排斥的行为（Williams，2009）。

第二节　情感事件理论

情感事件理论（affective events theory）认为个体在经历组织事件后的认知和情绪反应形成了个人态度和行为。该理论是研究工作中的情绪、情感和工作满意度的综合方法（Wegge et al.，2006）。一般来说，作为一个理论框架，它的核心假设是，情感状态由个人在工作中经历的事件驱动，引发情绪反应，从而塑造态度和行为。该理论区分了由情感驱动的反应及由态度评价判断驱动的反应（Cropanzano et al.，2017）。

在传统研究中将满意度和情感混淆的组织心理学家很难承认情感与绩效有很大关系。直到 20 世纪末，组织环境中的情感研究才逐渐被学术界关注。魏斯和克洛潘扎诺（Weiss & Cropanzano，1996）认为，区分情感结构（情绪和情绪）和满意度（评价判断）可以更精确地理解情感如何影响绩效，并在此基础上提出了一个旨在探讨组织成员在工作中经历的情感事件（affective events）、情感反应（affective reactions）与其态度及行为关系的理论，即情感事件理论。

情感事件理论为理解工作场所的情绪提供了一个宏观结构，该理论通过"事件—情感—态度行为"这一完整链条，系统地揭示了工作场所中员工的情感作用机制。该理论进一步区分了两类不同性质的行为，即影响情感驱动的工作行为和判断驱动的工作行为。情感驱动的行为是指那些在特定的情感状态下具有（相对）直接后果的行为、决定和判断。情感状态是这些行为的近端原因，它们在时间上与这些状态一致，因此是具有时间限制的。判断驱动的行为是那些由对工作或组织更持久的态度驱动的行为、决定或判断（Weiss & Cropanzano，1996）。

情感事件理论将特征和事件明确区分为解释性结构，其中心论点之一是事件是情感反应的近端原因。事情发生在工作中的人身上，他们的反应往往是情绪化的。关于情绪的基本文献一致认为事件驱动情绪状态变化这一观点。对于事件的解释方式、积极和消极事件的相对影响、个人特征的影响过程等可能存在不同的意见，但都认可事件是情绪状态变化的诱因。另一方面，魏斯和克洛潘扎诺（1996）指出，关于工作满意度和情感的现有研究侧重于环境特征和情感之间的关系。作为一种状态，情感需要强调环境变化的因果解释。环境特征相对稳定，无法解释变化。因此，该理论在工作事件和情绪反应之间建立了联系，认为工作环境特征会通过情感路径影响工作满意度和工作态度。但这种联系只是情绪煽动过程的一个位置。知道一个工作环境有很好的晋升机会本身并不能解释为什么一个员工在某一时刻很快乐，而在下一时刻却不快乐。基于此，情感事件理论还提出个人特质是影响情感反应和工作满意度的重要因素。

第三节 调节焦点理论

调节焦点理论（regulatory focus theory）是由希金斯（Higgins，1997）基于自我差异理论进一步提出的，该理论认为个体在面对外部环境时，通过自我调节使自身行为或认知与合适的目标或标准相一致，即降低现实预期状态之间的差异，增加现实与不期望状态之间的差异。个体的自我调节包括两类：一类是促进型焦点，表现为个体更关注成就、自我提升和价值的实现；另一类是防御型调节焦点，表现为个体更关注安全、维持现状和履行职责。不同的调节焦点取向会促使个体产生不同的认知和行为。

希金斯（1997）在研究中描述了享乐原则运作的两种不同方式——促进焦点和预防焦点，证实了不同的调节快乐和痛苦的方式即调节焦点，对人们的感觉、思想和行动会产生重大影响，而这些影响独立于享乐原则本身。从心理上讲，当一个决定的预期价值或结果的效用被认为比其他选择更有利时，这个决定就被认为是好的。必须权衡结果的好处与实现结果的成本。成本不仅包括人们为了获得利益而必须付出的商品或服务，还包括决策过程本身的成本。例如，可能增加收益的额外信息，可能因为情感成本而被防御性地避免（Janis & Mann，1977）。研究者通过长时间的研究发现，一个事件的感知价值的主要决定因素是它满足观察者目标的程度。如果事件满足了感知者的目标，感知者就会感觉良好，反之则感觉不好（Brendl & Higgins，1996）。目标的达成和感觉的好坏是有关系的，但这种关系的强弱却存在不同的可能性。一种目标被描述为以积极结果为中心，关注从成功中获得积极结果。这类目标包括注重晋升、成就和价值实现。另一种类型的目标被描述为以消极结果为中心，关注如何避免从失败中得到消极结果。

享乐原则意味着，当自我调节起作用时，人们会感到快乐，当自我调节不起作用时，人们会感到痛苦。然而，在解释人们情绪体验的可变性时，调节焦点超越了这一原则，包括人们情绪的质量和强度的可变性，以及他们对态度对象的情绪反应。为了探究接近—回避动机的真正本质，研究者们需要超越这个享乐原则，研究它的不同运作方式的基础原则。其中一个原则就是调节焦点，它被用来重新考虑接近—回避、期望—价值关系、情绪和评估敏感性的基本性质。这两种类型的焦点都被应用于从促进（如幸福感）或预防（如认知失调）两方面来处理的现象。这种自我调节的关键特征是其趋近动机，即试图减少当前状态和期望的最终状态之间的差异。促进、防御焦点源自不同的生存需要，追求不同的期望状态。同时，调节焦点既是个体的长期性特征，在不同个体之间表现不同，也可由情境诱发。本书通过文献梳理，对两种焦点进行分类比较，具体如表3-2所示。

表3-2　　　　　　　　　促进性焦点和防御性焦点差异性分析

类别	促进性焦点	防御性焦点
需求类型	成长需要	安全需要
动机来源	追求理想、远景、抱负	履行义务、责任、职责
行为目标	追求积极的结果	避免消极的结果
实现策略	积极、主动	谨慎、退缩
结果反映	对积极结果的完成与否	对消极结果的产生与否

调节焦点作为态度和行为的重要影响因素，在组织行为学界得到了广泛的运用。首先，调节焦点理论对员工创新性行为具有影响作用。促进性焦点占主导的员工渴望成功，当工作环境给予他们满足需要的机会时，这类员工会主动采取创新行为来挑战自我，实现价值提升（Liberman，1999）。防御型焦点的员工期望稳定安全的工作状态，更加关注工作任务是否会带来负面结果，这促使员工形成确保安全需要和避免损失的行为动机（Shah，2004）。其次，调节焦点理论可以影响组织公民行为。勒平和凡·戴恩（2001）提出，调节焦点会影响那些没有被组织角色正式认可或规定的额外角色的自由裁量行为。西莫（Simo，2016）研究发现，促进型焦点的员工更倾向于采取变革型的组织公民行为。防御型焦点的员工会因为害怕工作中出现损失而保持小心谨慎的状态，通常不会做出对组织具有破坏性的行为，如反生产行为、越轨行为（Neubert，2008）。

第四节　动机归因理论

归因理论（attributional theory）是由海德（Heider）于 1958 年在其撰写的《人际关系心理学》一书中首次作为一个研究领域被提出的。之后虽有许多著名的心理学家追随 Heider 开展对这一理论的研究，但始终停留在方法的推进，并没有形成统一的归因理论。该理论的核心是对因果关系维度的识别，以及这些潜在属性的原因与心理后果的关系（Weiner，1979），并提出了一种基于成功和失败因果归因的动机理论，阐明了观察者是如何对自身及他人的行为结果进行因果解释的一种理论。韦纳（Weiner，1979）通过研究成功和失败的感知原因，将归因理论的研究引入动机和教育心理学领域。这个理论包括归因的前因、前因的维度或属性，以及特定因果归因的认知、情感和行为后果。该理论还区分了个体对自身结果的归因结果——自我动机理论，和感知者对他人结果做出的归因结果——人际动机理论（Weiner，2000）。

归因理论解释了行为在多个动机领域中的"为什么"，包括成就和归属，这就是为什么它被认为是一个通用的动机理论。个体会对他人和自己做出归因。归因理论上总是从一个被解释为成功或失败的结果开始。我们对于结果的第一反应类似于快乐或悲伤，学者称之为结果依赖型情绪。然后，个人进行因果搜索，以确定为什么会出现这种结果。当人们尝试对他人的行为结果做出解释时，这些解释往往集中在成功和失败的主要感知原因的维度划分上，每个维度都与独特的心理、情感和行为后果相关。因果关系的稳定性维度主要影响对未来成功和失败的预期。感知可控性在人际和人际动机理论之间架起了桥梁。感知自己是否负责（或不负责）与自我导向的羞耻和内疚情绪及其动机后果有关。感知他人是否负责（或不负责）是相关联的一系列人际反应，包括同伴攻击、种族刻板印象以及肥胖和贫困的污名（Weiner，1985）。同情和愤怒的情绪在这些联系中扮演着重要的动机角色，因为它们介导了关于责任的想法和随后的人际反应。因此，在这个包含动机归因模型的时间序列的核心是复杂的规范思维、感觉和行动之间的相互关系（Sandra，2020）。

归因是一种普遍存在又十分重要的社会认知现象（Douglas & Martinko，2001；Harvey，2008；Liu，Liao & Loi，2012），强调了员工主动性的重要作用，同时对管理者决策及企业绩效的研究都具有较强的理论价值。在管理实践中常常存在一种现象，即正面的组织行为并不一定产生预期的积极结果，而负面行为也不一定就造成消极后果，研究者从动机归因的理论视角对这一问题进行了一系列的研究。凡·戴恩（2003）认为对行为者动机的解释是由他人的判断决定的，并且会影响他人对行为者的评价（严瑜和何亚男，2016）。研究者还发现印象管理会影响他人的绩效评价，积极归因导致高绩效评价，而消极归因导致低绩效评价（Bolino，1999；Story & Neves，2015）。谏言行为的相关研究表明，他人对谏言动机的归因会对谏言结果产生重要影响（Van Dyne，2003；Morrison，2011；McClean，2018）。如果下属认为领导的行为是出于自利的印象管理动机，会极大地降低领导的角色模范作用（Zhou，2017）。除了对积极行为的归因外，研究者也同时关注到在组织行为中对消极行为的动机归因。当员工遭到领导的辱虐对待时，他们也可能对领导行为进行积极归因。然而，敌意归因高的员工更容易将领导行为归因为恶意伤害，从而导致员工对领导的消极反抗行为（刘军等，2013；Harvey，2014）。

第四章

领导拒谏影响员工未来谏言行为的理论探索

伴随组织发展的需要，积极鼓励员工谏言成为组织创新与变革的重要途径，领导对谏言的评估与实践也不断受到组织研究者的关注。领导评价员工谏言的参照标准和处理方式受到领导个人、组织及员工等多方面因素的影响，而被拒绝的员工谏言占多数。现实中，领导面对大量的员工谏言，无法一一进行回复，大部分员工谏言都处于既没有被采纳，又没有得到回应的状态。虽然对领导而言，无回应或保持沉默的方式处理员工谏言并不一定就是出于对员工谏言的排斥或拒绝，但我们反观员工，或以员工的立场为出发点来看待这一问题，却并非如此简单。员工谏言本身就是一种带有主动性的角色外行为，这一行为本身就存在挑战性。员工谏言需要承担一定的心理压力，特别是在这种谏言行为没有得到任何反馈的情况下，员工的心理和行为都会受到影响。通过观察发现，谏言的员工十分渴望得到领导的回应与反馈。当没有回复或谏言被拒绝时，谏言者不论内心多么强大，与领导关系多么密切，他们都会表现出担忧，甚至焦虑的情绪，个人的需要也会遭受打击，在这种情况下，领导拒绝谏言的行为对于员工而言就是一种排斥行为。因为拒谏这一事件的发生没有伴随相应的说明或解释，同时，对员工的情绪和需要产生了负面影响，最终会影响谏言员工未来行为。

基于上述论述，我们结合社会排斥的概念，认为领导拒谏实质上就是一种在工作环境中发生的领导拒绝行为。当员工感知到谏言被领导拒绝后，其情绪变化及需要威胁影响行为的过程可以运用需要—威胁时间模型来建构和阐释。员工基于某种意图或需求向领导谏言，当被领导拒绝后，员工首先表现出的是情绪上的变化，消极情绪增多，积极情绪减少，突出表现为职场焦虑；同时，员工所期望的关系需要和效能需要受阻，感知需要威胁，从而影响员工未来的行为。在组织环境中，领导与员工的关系讨论多是基于二元关系条件，但在实际中，同事作为组织中领导、员工之外的第三人际构成要素，对员工行为的影响也成为学者们近年来关注的重点。本书探讨的焦点在于领导拒谏影响员工未来谏言的过程中，不仅需要考虑到员工自身焦虑情绪的影响，还考虑到同事欺凌与焦虑情绪对员工未来谏言频率的影响。从文献回顾中我们发现，领导拒绝员工谏言在基于不同谏言环境和个体认知归因的调节作用下，可能造成消极的结果，也可能带来积极的结果。同时，员工谏言行为本身就是一种主动性的角色外行为，谏言是为了员工自身需要的满足，而领导拒绝谏言必然会让员工感受到自己的需要遭受威胁。在员工感知需要威胁时，会采取强化需要的方式来行动，即虽然遭受拒绝，但会采取积极的改进和提高自身能力等行为以达到未来需要的满足。基于此，本书认为在拒绝事件发生后，随时间的变化，被拒绝的员工在经历了焦虑情绪影响，在不同组织谏言氛围中受到周围同事行为影响，感知需要威胁，对拒绝动机进行归因，这一系列对员工未来谏言频率产生影响的过程，能够较好地解释领导拒谏影响员工谏言行为的作用机制及边界条件。领导拒谏影响员工未来谏言的理论模型如图 4-1 所示。

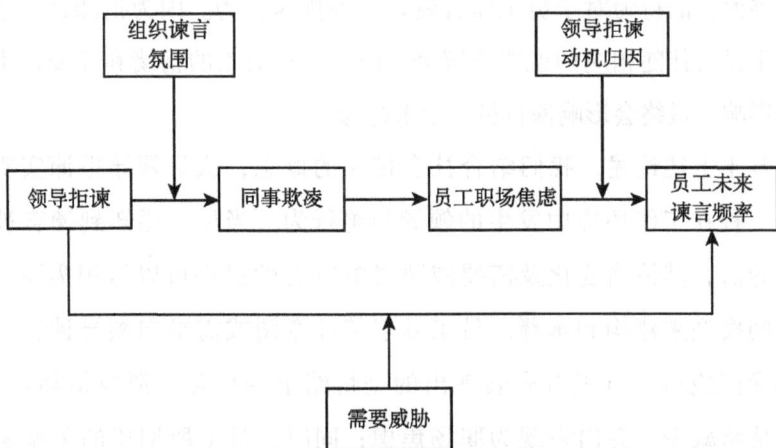

图 4 - 1 领导拒谏影响员工谏言的理论模型

第一节 领导拒谏与员工未来谏言频率

　　谏言作为企业创新发展和制度流程改善的主要方式之一，受到了组织研究者的广泛关注。组织在追求创新的过程中，积极鼓励员工从多方面、多渠道提供各种意见建议，但现实中，在面对大量的员工想法建议时，为保证谏言的质量和可行性，员工提供的谏言难免会遭到领导的拒绝。然而，对员工而言，这种想法或建议的拒绝与想法产生的联系是很重要的，因为它扩展了当前的思维，把想法产生作为一个创造性过程的开始阶段。当员工的谏言被拒绝时，员工会作何反应？基于对现有谏言文献的回顾，我们发现当前较少有研究关注领导消极谏言反馈对员工未来谏言行为的影响。例如，以前的研究较少考虑谏言采纳的负面影响，而谏言拒绝的研究也还停留在理论解释的阶段（Koh，Lee & Joshi，2019；Liu et al.，2016；Ng & Feldman，2012）。领导拒谏是否一定会造成消极的行为反应从而减少员工未来的谏言行为还需要更多的理论研究来进行验证。因为领导拒谏相对于领导纳谏而言是一种更为频繁发生的管理事件，而其对员工谏言行为及后续的创新想法及创造力都具有十分重要的影响。第一，想法的拒绝是组织管理过程中经常发生的事件，然而，因为新颖和增值的想法往往很难找到（Baer，2012；Janssen，2004），导致想法或建议被拒绝成为创新或改革过程中的常规事件。第二，拒绝想法是一个被忽视的障碍。虽然创造力研究承认存在障碍，但大多数研究都是从资源的角度来解释这些障碍存在的原因，如缺乏支持、时间、精力（Harrison & Wagner，2016；Wu & Wang，2019；Shalley & Gilson，2004）。拒绝建议或想法同样是一种可能影响组织创造力的障碍，它解释了为什么员工觉得在日常的工作中向领导谏言和提出创新想法是一件很难的事，害怕被拒绝降低了他们持续谏言与不断创新的积极性，但在现有研究中却并没有对这些问题进行讨论，反而被忽视了。学术界对创造性过程的理解通常集中在单个过程中的想法评估过程和想法被选择之前的想法产生的过程。然而，在大多数实际的工作环境中，组织创新性过程往往是一个连续的过程，一个过程接着另一个过程。员工提供建议或创新想法是创新过程的起点，而员工在下一阶段的意见建议等想法的产生可能会受到前一阶段的建议拒绝经历的影响。为了让组织真正从员工的谏言中受益，之前关于谏言的文献很大程度上假设员工会不止一次地向领导或组织提出意见和建议。然而，这种未来导向的行为很可能取决于管理者如何回应员工的谏言，因为拒绝员工的建议可能会阻碍员工未来参与和表达建议的行为和意愿。

之前关于反馈和互动公平的研究指出，负面反馈和管理者的不利决策对领导—下属关系可能产生有害的影响（Baron，1988；Bie，1987）。考虑到谏言这一行为本身已经让员工感受到在领导的面前自己可能会处于一个危险的位置，特别是当领导对员工提出的谏言所采取的回应和沟通的方式是负面反馈时，员工感受到自己被拒绝所带来的威胁程度会更强烈，并带来负面的行为反应（Brown & Levinson，1978；Wilson et al.，1998）。如果管理者未能在想法被拒绝的过程中缓解员工面临的威胁，可能会伤害管理者与该员工的关系，这也将伤害员工的谏言意愿，员工可能会试图脱离未来与管理者的所有互动（Cupach & Metts, 1994），即不再采取谏言的行为。

本书所关注的领导拒谏是领导明确的拒绝行为，是管理者在拒绝员工的某一想法或建议时所采取的彻底和果断的拒绝行动。一旦领导表示拒绝员工的想法，员工可能会觉得他的意见或建议的行为不被领导接受，甚至遭到领导的厌恶。这种关系的效应可以从日常谏言员工对领导的退缩和回避行为中观察到（Brown, 1968；Cupach & Metts, 1994；Deutsch, 1961；Tjosvold & Sun, 2000）。领导造成的关系威胁可能会让员工认为上级领导不会支持他的想法，这会导致员工不太愿意说出自己的想法（Milliken et al., 2003）。同时，领导的拒绝行为会造成员工更有可能从心理上脱离组织或对组织产生消极的态度（Burris et al., 2008；Frone, 2000），因此不太愿意超越他们的正常工作职责去从事未来的组织公民行为，即谏言。

第二节　职场焦虑在领导拒谏和员工未来谏言频率之间的中介效应

一、职场焦虑的概念

"焦虑"最早出现在丹麦宗教哲学心理学家索伦·克尔凯郭尔《恐惧的概念》一书中，只要是有自我意识的人就会有焦虑的存在。在情绪的研究中，焦虑和恐惧是两个极易混淆的概念，理解两者的本质区别可以帮助我们对两个概念进行区分，主要可从五个方面来比较，即刺激源、指向性、强度、持续性和结果（Barclay & Kiefer, 2017）。本书对焦虑与恐惧的区别进行了归纳整理，具体如表4-1所示。

表 4－1 焦虑和恐惧概念辨析

区分类别	焦虑	恐惧
刺激源	无形的，无法认知	有形的，可被认知
指向性	未发生的	已发生的
强度	潜在反应	强烈反应
持续性	模糊但持续时间较长	易消失且持续时间较短
结果	既可能产生积极结果，也可能产生消极结果	消极结果

　　职场在员工的生活中占有重要地位，也是极易产生焦虑的空间。职场是根据组织提出的标准和期望来衡量和要求个体的，因此，在这种背景下，会无法避免地造成无法满足组织期望的个体产生焦虑。也正是因为这一现象的普遍性及影响性，组织行为领域的学者开始关注并探讨工作领域的焦虑及其影响。职场焦虑（workplace anxiety）是指以紧张、不安和恐惧症状的形式对压力源做出的反应（Jex，1998），被定义为对与工作相关的表现感到紧张、不安（McCarthy，Trougakos & Cheng，2016）。在探讨职场焦虑时，区分职场焦虑与相关构念如神经质、消极情绪和压力是很重要的。职场焦虑可以与神经质区分开来，神经质反映了一种倾向于经历更广泛的负面情绪，如恐惧和内疚，并表现出较差的情绪稳定性（Goldberg，1990）。职场焦虑不同于负面情绪，作为一种情感倾向，具有负面情绪的个体倾向于经历各种厌恶的情绪状态，并对自我有消极的看法（Watson & Clark，1984）。职场焦虑也不同于压力。压力是一个过程，通过环境和外部压力源导致主观解释，并产生随后的应变反应（Bliese，Edwards & Sonnentag，2017；Sonnentag & Fritz，2015）。焦虑则被概念化为一种以紧张症状的形式对应激源的反应（Jex，1998）。因此，本书认为职场焦虑作为一种特定场所产生的情绪（Zeidner & Matthews，2005），是个体对与工作相关的表现或事件所感觉到的紧张、不安情绪。

　　在工作场所中，任何事件都可能导致职场焦虑情绪的产生（Linden & Muschalla，2007）。虽然在工作环境中，焦虑和员工谏言行为之间的关系还未得到广泛关注，但在组织行为学文献中，关于焦虑和绩效的文献却十分丰富。普遍的观点是，焦虑与绩效之间的关系是消极的。这一结论得到了已有元分析的支持，研究者们通过元分析考察了焦虑与学习表现（Seipp，1991）、焦虑与创造力表现（Byron & Khazanchi，2011）之间的关系。现有研究对于焦虑与工作绩效之间的相关关系结果存在差异（Kouchaki & Desai，2015；Mughal et al.，1996；Donaldson & Blanchard，1995）。职场焦虑同样会引发员工请病假、缺勤、旷工或早退等回避行为（Haines et al.，2002）。

因此，本书将员工在工作场所中的焦虑情绪作为独立的自我评价变量，并且探讨它在领导拒谏影响员工未来谏言频率过程中可能的中介效应。

二、领导拒谏与员工职场焦虑情绪

在管理学领域，尽管一些研究发现，员工确实会因为表达更多的建议而得到领导更高的绩效评价（Podsakoff et al.，2009；Whiting et al.，2008），但也有学者认为，在某些情况下，谏言实际上产生了适得其反的效果，并导致员工消极的行为表现和职业结果（Burris，2012）。

拒绝谏言和接受谏言是一个具有明显对比的经历，所以当谏言的员工将领导接受谏言作为一个突出的目标时，对拒绝谏言的消极反应也就表现得更强烈。在员工谏言的过程中，不可避免地会有一些想法、建议得不到领导的支持，并且被认为是失败的或无意义的（Amabile，1988；Amabile & Pratt，2016）。拒绝谏言的相关研究并不关注谏言属性或谏言评估者的特征（Berg，2016；Fuchs et al.，2019）。相反，它更注重员工在谏言过程中被拒绝的社会体验。谏言反馈研究强调他人对想法或建议的反馈或反应（Ford & Gioia，2000；Piezunka & Dahlander，2019）。相比之下，拒绝谏言更侧重于上司的直接拒绝，而不是从任何人那里获得积极、中立或消极的反馈（Hoever, Zhou &Van Knippenberg, 2018；Kim, 2020）。人们作为组织成员，不可避免地会担心他们的想法会遭受到批判性的评价（Bordia, Irmer & Abusah, 2006；Dennis & Valacich, 1993；Diehl & Strobe, 1987）。本书认为，拒绝谏言并不强调事件发生前的恐惧或威胁感知，而是更注重谏言被拒绝后的心理体验和行为反应。

本书明确地将领导拒绝谏言作为谏言过程中以员工为中心的消极社会体验。当个体经历了更多的任务成功，他们就会对自己掌握任务的能力更有信心。当个体经历更多的任务失败时，他们就不太可能相信自己有能力做好这项任务。领导拒绝员工的谏言这一结果会直接传达给员工，员工会认为他们想法没有价值，不实用，或者不值得投入资源去实施。因此，那些想法、建议被领导拒绝的员工可能会对他们想法的价值产生更大的怀疑。因此，领导的拒谏行为会对员工未来的谏言行为造成负面影响，表现为员工不再期望以提高谏言质量或提高谏言数量来获得领导的认可。

本书认为领导拒绝谏言的行为就是一种带有拒绝意图的行为，并且这一行为并不伴随着明确的解释和说明，实际上就是一种排斥、拒绝的行为。基于情感事件理论，压力事件是导致职场焦虑情绪的主要原因，领导拒谏作为一种工作场所的拒绝事件，会给谏言的员工带来压力和威胁感，进而引发谏言员工的即时情绪反应，表现为职场焦虑情绪的增加。基于以上原因，本书认为领导拒谏作为一种职场的压力事件会引发员工职场焦虑情绪。

三、职场焦虑情绪可能会对员工未来谏言频率产生影响

根据情感事件理论，领导拒谏可以产生"情感事件"，塑造个体的情绪体验，进而影响个体的工作行为。焦虑个体拥有高度警惕的认知图式，

这些图式将情境定义为威胁（Beck，1976）。因此，他们不断地扫描环境以寻找威胁的迹象，这使得他们更容易分散注意力（Bar-Haim & Lamy et al.，2007）。相应地，焦虑的个体表现出一系列的信息加工偏差：他们更有可能关注与威胁相关的刺激，将刺激视为一种威胁，不断寻找与威胁相关的信息（Eysenck，1992）。焦虑的个体不仅对自己的能力缺乏信心（Shell & Husman，2008），对反馈也更为敏感，因此会更警惕地观察他们周围的环境和自己的行为（Elliot & McGregor，1999；Eysenck，2011）。

综上所述，由于领导拒谏可能会影响员工的职场焦虑情绪，而员工的职场焦虑情绪可能会影响员工未来谏言频率，于是本书进一步假设，职场焦虑情绪可能是领导拒谏影响员工未来谏言频率过程中的中介变量。具体来说，领导拒谏对员工的职场焦虑情绪可能存在正向预测作用，员工的职场焦虑情绪对未来谏言频率可能存在负向预测作用。

第三节　同事欺凌在领导拒谏与职场焦虑情绪之间的中介效应

一、同事欺凌

工作场所欺凌（workplace bullying）会有损于发展和维持重要的、多样化和生产性的工作场所特征，对个人和组织都会造成严重影响。大多数针对工作场所欺凌的研究集中在向下欺凌（管理者对下属的行为），部分研究虽然也涉及水平欺凌（即一个或多个同事欺负另一个同事），但研究的程度较低，近期，学者逐渐开始关注向上欺凌（即下属欺凌管理职位上的人）。因此，工作场所欺凌可以发生在组织的各个级别。此外，尽管一些欺凌可能较集中在某些特定的行业（Hubert &

Van, 2001; Zapf et al., 2011), 但工作场所欺凌却可以发生在大多数组织和行业中 (Lewis & Gunn, 2007)。

关于工作场所欺凌的概念, 马蒂森和艾纳森 (Matthiesen & Einarsen, 2007) 认为工作场所欺凌是任何组织中一人或多人在很长一段时间内认为自己处于一个或多个人的消极对待的接收端, 在这种情况下, 处于消极对待中的个体很难进行抵御或反抗。萨马尼和辛格 (Samnani & Singh, 2012) 认为工作场所欺凌是指组织成员之间存在着某种程度的正式或非正式的权力不平衡, 具有持续性和频繁性的人际敌意。因此, 工作场所欺凌可以被视为工作中人际冲突的一种特别严重的形式 (Zapf & Einarsen, 2005), 目标员工在很长一段时间内, 越来越多地暴露在同伴或上级的敌对社会行为中, 由于双方权力的不平衡, 在实际情况中很难为自己辩护 (Einarsen et al., 2011; Olweus, 1994; Van de Vliert, Einarsen & Nielsen, 2013)。在这种情况下, 恃强凌弱的行为通常产生于一个不断升级的冲突过程, 欺凌者坚持不懈地以消极的行为面对目标员工, 这可能会引发目标员工戏剧化的情绪反应激化 (Van de Vliert et al., 2013)。

对工作场所欺凌行为的研究众多, 虽然有学者指出关于欺凌这类带有敌视性社会行为的概念与社会排斥、不文明行为和辱虐管理等概念有部分重叠, 但各种行为之间在程度和对象上是存在差异的。社会排斥是指被有价值的人排斥或贬低, 在组织中多为同事和工作中的上级 (MacDonald & Leary, 2005); 不文明行为被定义为无礼或不礼貌的行为, 违反工作场所规范, 缺乏对他人的尊重 (Andersson & Pearson, 1999); 辱虐管理被定义为上级在工作中持续展示敌意的言语或非言语行为 (Tepper, 2000)。因此, 工作场所欺凌并不等同于社会排斥、不文明行为和辱虐管理等行为, 将其作为独立的对象进行研究是十分有必要的。

二、领导拒谏可能对同事欺凌产生影响

与西方文化情境不同, 中国管理情境中的组织权利距离较大, 领导

者的权威地位更加突出，员工与同事、领导的互动方式不同，因此有必要区分向下欺凌（即管理者对下属）和水平欺凌（即同事间）对员工行为影响的差异。工作场所中的人际关系主要分为同事关系和上下级关系，因为在组织中的职责、互动内容和频率不同，谏言对不同人际关系的影响也不一样。谏言的社会成本突出，因此谏言可以说是一种危险的组织公民行为，因为其他人可能不喜欢这个建议及建议行为，或认为它们是具有破坏性的（Dalal & Sheng，2019；Fast，Burris & Bartel，2014）。因此，研究谏言质量的社会后果直接揭示了为什么谏言会产生事与愿违的效果，尽管它被认为是利他性质的。一方面，平级即同事之间的建议能够被视为共享信息、分享经验（Burris，Rockmann & Kimmons，2017；Detert et al.，2013）；另一方面，当领导对谏言的拒绝或谏言内容触及同事利益时，谏言的员工往往会被视为麻烦制造者或抱怨者，谏言的内容可能会破坏人际关系并成为引起同事欺凌的导火索（LePine & Van Dyne，1998；Milliken，Morrison & Hewlin，2003）。

三、同事欺凌可能对员工职场焦虑产生影响

通过对职场欺凌文献梳理，研究者发现在工作场所遭受欺凌不仅与被欺凌对象的健康和幸福感下降有关（Høgh，Mikkelsen & Hansen，2011；Nielsen et al.，2014），它还与绩效和生产力相关的个人和组织层面的结果有关，如创造力降低（Mathisen，Einarsen & Mykletun，2008）、缺勤率增加（Asfaw，Chang & Tapas，2014）、流失率增加（Berthelsen，Skogstad & Lau，2014；Einarsen，2011；Glambek，Skogstad & Einarsen，2015）和工作投入的减少（Rodríguez-Muñoz et al.，2009）。同时，工作场所欺凌也被认为是一种障碍需求，因为受影响的人独自应对这种障碍十分困难，所以会表现出长期的精神压力。社会支持被认为是帮助员工应对工作压力源的一种资源，工作压力源是诱发压力过程并最终引发

员工压力的刺激物（Sosik & Godshalk，2000；Van Dierendonck et al.，2004）。考夫曼和比尔（Kaufmann & Beehr，1986）认为压力源和社会支持源之间具有一致性。两种压力源，即角色冲突和身体压力源，以及两种支持源，即领导和同事。阿什福思（Ashforth，1994）研究发现，欺凌行为会使被欺凌者因挫败感而降低自我评价。若长期无法摆脱这种被欺凌的困境，会降低被欺凌者的自尊水平和工作效率，并影响团队的凝聚力。埃纳森等（Einarsen et al.，2007）研究发现，被欺凌者更容易感知到挫败感。

第四节　同事欺凌和职场焦虑的链式中介效应

首先，领导拒谏可能会对同事欺凌产生影响。虽然员工谏言的目的是为了组织改进（Burris, Rockmann & Kimmons，2017），但其本质是一种对组织现状的挑战，其目的是为了改变组织现状（Li, Liang & Farh，2020）。这种力图改变的行为，既可能为同事带来机会和帮助，也可能导致同事的利益受损。因此，同事很可能认为谏言的员工是威胁和麻烦的制造者（Thomas et al.，2020）。当同事目睹工作场所拒绝或虐待等行为（如员工谏言被领导拒绝）可以激发作为第三方同事的不同行为反应，其中包括有害的反生产行为（Harris et al.，2013）。海德（Haidt，2003）通过研究发现，从他人的不幸中唤起的情绪会激发负面行为，并转化为对目标个体的直接贬损和排斥（Opotow & Weiss，2000；Spears & Leach，2004）。

其次，同事欺凌可能会对员工职场焦虑产生影响。当谏言的员工被领导拒绝后，来自领导的支持源缺失，而同事欺凌意味着员工应对压力源威胁的另一支持源也无法提供支持资源。当工作场所中的压力源存在，而来自领导和同事的支持源都缺失的情况下，员工会因无法应对压力而以紧张、不安和恐惧症状的形式对压力源做出的反应（Jex，1998），会表现出更强的职场焦虑。

最后，员工职场焦虑可能会对未来谏言频率产生影响。研究发现，上司拒绝或忽视员工的谏言，会造成谏言员工的负面情绪，让谏言者产生挫败感（Burris，Detert & Romney，2013）。基于情感事件理论，我们将领导拒谏作为一种情感事件，经历被拒绝的员工更有可能把领导拒绝行为视为威胁，进一步激发谏言员工产生对组织的焦虑，即职场焦虑；而职场焦虑情绪会强化领导拒谏与员工未来的谏言行为之间的负相关关系。

第五节	组织谏言氛围对领导拒谏影响同事欺凌的调节效应

一、组织谏言氛围的概念

施耐德和赖希斯（Schneider & Reichers，1983）首先提出组织氛围是同一组织中各成员的共享认知或集体信念，之后学者们进一步提出组织氛围是指在一个特定的工作环境中，对实践、行为和活动的集体信念或看法会得到奖励和支持（Kuenzi & Schminke，2009；Takeuchi，Chen & Lepak，2009）。莫里森等（Morrison et al.，2011）将组织的沉默视为一种共享状态，员工认为他们自己的建议或信息既无用又危险。田晓明、王先辉和段锦云（2011）结合组织氛围的概念提出了组织谏言氛围的概念，指组织成员对组织中是否存在一种接受或鼓励成员谏言的文化的看法。

关于组织氛围的研究认为，共同信念是组织中的成员至关重要的信息来源，为不同行动方案的可能后果提供线索（Naumann & Bennett，

2000)。员工谏言行为不仅受到个性、认知风格等个体因素的影响，也受到组织规模、组织管理风格的影响（段锦云，2011）。周静和乔治（Zhou & George，2001）进一步发现，在同事提供的建设性反馈、组织成员的帮助和支持、创造性活动的识别等背景下，组织承诺高的员工的不满可以转化为可行的建议，并以创造性工作的形式表达出来。而关于氛围与行为之间的关系研究也表明，工作场所氛围在经验上不同于个人的看法和态度，并解释了超出个人看法和态度所解释的行为差异（Naumann & Bennett，2000；Schulte，Ostroff & Kinicki，2006）。关于谏言的研究表明，组织可以形成谏言或不谏言的氛围，而组织这种谏言的氛围可以对行为产生特别强烈的影响（Morrison & Milliken，2000）。

二、组织谏言氛围会降低同事欺凌的理论解释

由于谏言的研究更多关注的是谏言者和谏言的接受者或者是谏言所针对的权力所有者之间的二元交换，现有的文献在很大程度上忽略了这种二元之外的其他人可能会影响是否谏言的想法和如何得到执行的可能性。考虑到近80%的现代员工每天都在与其他组织成员进行协作活动（Cross，Rebele & Grant，2016），最重要的是要考虑那些在谏言者与领导者二元关系之外的第三方行为，比如组织中的成员，即同事可能促进或阻止谏言者表达想法的意愿的实现。已有研究已经证明了在群体层面考虑谏言的重要性，也进一步证明了群体层面的谏言氛围和结构会影响个人的谏言行为和团队成果（Morrison，Wheeler-Smith & Kamdar，2011；Sherf et al.，2018）。

在实际的管理情境中，不支持的同事关系会对谏言者心理、情绪及行为造成严重的影响。其中，表现最为突出的就是同事欺凌行为，这是因为工作场所欺凌被视为工作中人际冲突的一种特别严重的形式（Zapf & Einarsen，2005）。迄今为止，较少有研究关注到通过组织因素可以保护

目标员工免受同事抑制和欺凌（MacCurtain & Mannix-McNamara，2014），或通过组织氛围来阻止或减少其潜在的负面结果。然而，工作环境及组织氛围是工作场所发生欺凌行为的一个重要条件（Brodsky，1976）。有学者提出假设：当处于对人际关系具有约束力的组织环境或包容性的组织氛围中，欺凌事件的发生概率会降低，同时其引发的潜在后果会较轻微；而当处于人际关系管理不善的组织环境或组织氛围不佳的环境中，则可能使人际关系冲突逐步升级为职场欺凌（Baillien et al.，2015；Leymann，1990；Mikkelsen，Høgh & Puggard，2011）。这也进一步说明了，当领导拒谏等拒绝事件发生后，同事会出于自己的认知和判断采取支持或欺凌的行为，而这种认知导致行为的过程是会受到来自组织氛围的影响：当组织表现为接纳或鼓励成员谏言的文化氛围时，会降低因被拒绝而造成的欺凌行为；但当组织表现为拒绝或厌恶成员谏言的文化氛围时，则会加剧同事欺凌行为。

综上所述，领导拒谏是产生同事欺凌的诱因，而不同的组织谏言氛围对同事欺凌行为产生了一种模糊和不可预测的情境，组织谏言氛围与领导拒谏的交互作用就可能对同事欺凌这一变量产生影响。

第六节　领导拒谏动机归因对员工职场焦虑情绪影响未来谏言频率的调节效应

一、动机归因的内涵

动机是关于为什么人们在特定的时间会有这样的想法、感觉和行为的解释。具体而言，动机是研究为什么个体会有这样的行为：是什么引发了他们的行为，是什么指引、激励、维持并最终终止了行为（Graham & Weiner，2011）。归因是回答"为什么"问题的认知，而归因理论探讨了关于行为发生的原因，包括成就和隶属关系等多种动机领域。在现实生活中，每个人都不可避免地会对他人和自己进行归因，特别是在发生消极或意外事件后，人们尤其会寻求关于自己和他人的"为什么"问题的答案（Gendolla & Koller, 2001；Stupnisky et al., 2011）。一般来说，在对事件的归因中，消极事件比积极事件具有更大的权重（Taylor, 1991）。早期归因研究发现了特定的前因线索，如一个人自己的表现经历和关于他人表现的信息，这些都影响了因果关系的判断（Kelley, 1973）。同样，个体的期望与实际获得结果的差异也会影响行为动机（Sandra, 2020）。

归因理论解释了信息如何被用来得出因果解释，并形成差异化的行为（Weiner, 2006）。人们会对他人的行为做出怎样的反应，取决于对行为原因的认知（Rioux & Penner, 2001）。归因决定于观察者所感知到的因果关系且因人而异。这不仅适用于特定的因果推理，也适用于原因的意义或维度位置。事实上，一个原因可能在不同的情况下传达不同的含义。归因理论指出，负面事件引发认知活动，是因为它们唤起我们理解情境的自然欲望（Weiner, 1983）。我们认为，归因越消极（即伤害程度和广度的增加），反事实思维就越有可能被激发。具体来说，接受者归因中的负能量会导致行动者更倾向于反事实思考，因为反事实会集中在幸福领域的意义制造上，而归因负能量直接与接受者当前的幸福状态相关（Nicklin et al., 2011）。此外，归因否定性增加了目前的幸福状况与给定假设之间的差异。

二、领导拒谏动机归因降低员工职场焦虑对未来谏言频率的负向影响的理论解释

归因理论是关于判断和解释他人或自己的行为结果的原因的一种动机理论（Weiner, 1985）。正如凯利（Kelley, 1971）所认为的，归因者

不仅是一个归因者，一个寻求信息的人，他获得信息的潜在目标是有效地管理他自己和他的环境。一旦确定了一个或多个原因，就可能进行有效的管理，并为未来的行动提出办法或指南。如果先前的结果是成功的，那么就有可能试图恢复先前的因果关系。如果先前的结果或事件不是我们想要的——如考试失败、社会排斥、政治损失——那么很有可能会有人试图改变原因，以产生不同的、更积极的效果。理论上，归因总是跟随一个结果，所以归因是以一个被解释为成功或失败的结果或事件作为开始的。通过对文献的梳理，我们进一步发现现有关于谏言及谏言反应的相关文献中对归因的研究主要是从员工谏言的动机和领导评价谏言的动机来进行探讨的（Burris，2012；Hung et al.，2012；Rioux & Penner，2001；Van Dyne et al.，2003），但对于在领导拒绝员工谏言后，员工对领导拒绝动机的认知研究还不足，我们无法从现有研究中总结出领导拒谏后，员工对领导拒谏动机的认知是什么，更无法了解基于不同的拒绝动机认知对员工后续的谏言行为会产生怎样的影响。

本书认为个体对事件的第一反应类似于快乐或悲伤，也就是归因理论研究者所说的结果依赖情绪。然后，个体进行因果搜索，以确定为什么会出现这种结果。在领导拒谏引发员工职场焦虑情绪后，员工会开始思考为什么自己会被拒绝。根据情感事件理论的认知判断取向（cognitive judgment approach），当领导拒谏导致员工情绪变化后，会进一步对领导拒谏的动机加以归因，进而经历一个"情绪反应—认知评价—产生态度和行为"的过程（Weiss et al.，1996）。由此，员工最终能否产生在未来持续谏言的态度和行为，在一定程度上取决于员工的领导拒谏动机归因（即认知评价）能否扭转由焦虑情绪本身所导致的消极行为。因此，员工对领导拒绝自己的建议或想法的归因对员工在未来继续谏言具有十分重要的影响。当员工将领导拒绝行为解读成领导为了制造麻烦或规避风险等消极意图而发起的，将产生消极倾向的个人伤害动机归因（Liu et al.，2012）。当员工将领导的拒绝视为一种具有改进意图的归因时，虽然谏言被领导拒绝了，员工依然会认为这并不代表领导对自己行为的不认可或者不公正。当人们感觉到与别人的关系可以修复的时候，首先表现出亲社会行为。在这种情况下，员工不仅会试图采取行动来修复已有的关系，还会希望以积极的行为表现来获得认可。当员工在焦虑情绪下拥有较高的积极归因，那么员工的职场焦虑就不一定会导致员工未来谏言频率的降低。

第七节　需要威胁对领导拒谏影响员工未来谏言频率的调节效应

一、需要威胁

鲍迈斯特和利里（1995）认为个体的基本需求要符合一个条件，即它不能衍生于其他需求。史蒂文斯和菲斯克（Stevens & Fiske，1995）提出的五种基本社会需求非常接近：归属感、理解、有效/控制、信任和增强自我。如果动机被定义为驱动和指导行为的力量，那么需要服务于激励（驱动）功能，而目标和实现目标的过程服务于指导功能，引导个人一步步地走向需求的实现（Deci & Ryan，2000；McClelland，1987；White，1963）。排斥、拒绝等行为作为一种独特的人际行为，会威胁到目标个体的四个基本需求（Williams，2009）：归属感（Baumeister & Leary，1995）、保持较强的自尊心（Steele，1988；Tesser，1988）、控制权（Burger，1992；Peterson et al.，1993），以及需要被认可，具有存在意义并值得关注（Greenberg et al.，1986）。

1. 归属感

归属感强大的驱动力在个体期望的人际关系遭到破坏时会产生身心上双重的痛苦。归属需求动机能够对个体的情绪状态、认知过程和群体行为产生复杂和强烈的影响，而归属感的威胁是真实存在的（Baumeister & Leary，1995）。社会排斥实际是个人归属需求被威胁的过程（Leary et al.，1990；杜建政和夏冰丽，2008）。如果员工拥有向领导表达意见的机会，他们会感到被重视，并在其自我定义中包含组织属性（Tangriala & Ramunjam，2008），从而增加承诺和组织认同。

2. 自尊

自尊是个体对自我能力和价值的整体评价。在组织情境中，本书探讨的自尊实际是员工的组织自尊。组织自尊（organization – based self – esteem，OBSE）是在特定组织环境中员工依托组织中角色的自我实现，价值需要得到满足的程度，是个体在工作和组织中的自我概念，与员工在工作场所中的行为密切相关。

3. 控制

在组织研究中，我们认为控制主要来源于权力感和自我效能感。由于管理者和员工都在寻求控制权，双方在结构上存在对立的利益关系。组织的发展需要促使双方为避免对立带来的利益损失而主动或被动地寻求潜在的共同目标，例如公司的持续生存和组织效率（Johnstone & Wilkinson，2016）。当个体确信自己有能力以某一活动获得结果，就会产生高度的"自我效能感"。

4. 存在意义

员工在组织中的存在意义体现为自我实现。当人们有意识地对自己的行为赋予价值，并将这种行为看成是个人的重要品质时，是以认同或内化别人看待此行为的观点为基础的。人不仅有实现温饱的基础性需要，也有追求社会认可和自我实现的高级需要。

当个体的基本需要被威胁，需要得不到满足，个体必然会采取行动。一方面，以更加强化需要为目的，采取更为积极的行为以期望最终被认可，并实现自己的需要。另一方面，如果这种基本需要长期得不到满足，可能会引发情绪的耗竭，从而导致消极退避的行为，如离职等。

二、领导拒谏与需要威胁

员工谏言是关于工作相关问题的自由沟通，其目的是对组织的改进，具有建设性意图的行为，因为它引入了不同的视角，有助于刺激创新和抑制群体性思维带来的组织僵化（Morrison，2011）。也就是说，个体谏言的目的是提升组织效能或规避组织风险（Morrison，2011），但也有研究者认为谏言具有政治行为的特征，可以作为个体获得利益的手段或作为实现自我价值与需求的工具（Ng & Feldman，2012）。不论是谏言具有建设性意图的行为（Morrison，2011），还是谏言的角色外行为特征，不可忽视的一个重要前因，就是员工对自我谏言有用性的价值信念，即员工期望自己的谏言获得领导及组织的认可。

威廉姆斯（2009）研究发现，那些有被排斥、被拒绝经历的人确实更有可能做出一些行为来增加他们在未来被重新接纳的可能性。因此，他们更有可能采取有意识或无意识地模仿行为，遵从请求，服从命令，积极与他人合作，积极附和他人，即使他人的意见表达与自己的立场不同。简而言之，那些被拒绝的人在很多方面都很容易受到社会或群体的影响，他们会不遗余力地增强自己的归属感和自尊。没有什么比被别人拒绝和忽视更能威胁到个体的存在感。个体可以在仅仅经历一次强有力的排斥或拒绝事件之后，持续地循环经历反思阶段，这可能导致个人资源的耗尽，从而将个体带入辞职阶段。但事实上，这种无休止的循环对大多数人来说是不可能的。大多数被拒绝的个体会更倾向于通过施加控制和得到认可来应对拒绝或排斥，而不是通过暴力或其他反社会手段（Ng & Feldman，2011；Choi，2007）。

三、需要威胁提高未来谏言频率的理论解释

在对现有谏言文献进行回顾时，我们发现较少有研究探讨领导消极

的谏言回应（如拒绝谏言）是如何影响员工后续谏言行为的。而学术界关于领导拒谏与员工行为之间的关系及影响也存在不同的观点。虽然大部分研究表明领导拒谏这类消极谏言反馈会对员工未来谏言的行为造成负面影响，如消极的谏言回应（如忽视、回避、拒绝）加重了员工的挫败感（Milliken et al.，2003），可能会减少员工后续的谏言行为。但也有部分学者通过研究发现，领导拒谏等拒绝、排斥行为对员工行为是具有积极影响的。皮苏卡和达兰德（Piezunka & Dahlander，2019）认为领导拒谏增加了谏言者继续与组织互动的意愿。虽然将拒绝与持续谏言相关联是有违常识的，但研究者认为，拒绝向谏言者发出了信号，表示组织仍然有持续接收员工的想法或建议的意愿。在第一个想法没有被选中的新来者中，那些收到明确拒绝的人比那些没有收到反馈的人更有可能提交第二个想法（Dahlander & Piezunka，2014）。金（kim，2018）通过对不同类型的拒绝进行检验表明，即使没有任何解释的拒绝也有积极的影响，但有解释的拒绝的积极影响更强。因此，领导拒谏可能在某些方面对员工未来谏言会产生积极的影响。

调节焦点理论为谏言行为提供了社会认知层面的解释。在工作过程中，个人会以工作促进焦点或防御焦点的动机进行自我调节（Brockner et al.，2004），个体需要强化的过程也被认为是一种自我调节的过程。因此，工作促进焦点的个人倾向于采取以促进期望结果为导向的人际策略和行动方式（Higgins et al.，1994）。个体会在受到强烈驱动因素影响下期望形成稳定且持续的人际关系，而个体的许多行为是受到归属需要的驱使。如果人们有归属的需要，在经历社会排斥、拒绝后，会因为增强归属的需要导致个体产生更加积极的行为，并抵制攻击行为来避免关系的进一步恶化。因此，我们可以预测社会排斥、拒绝会导致攻击性行为的减少，表现出更多的亲社会行为。

需要—威胁时间模型进一步解释了这种内在的影响机制。拒绝是一种独特的带有消极意义的人际行为，与身体或言语上的争吵相比，它可以威胁到个体的四个基本需求。而被他人拒绝常常被视为是自我与他人或组织相分离的信号，个人与组织的连接受到了阻碍。领导的拒绝往往没有任何解释，这使得被拒绝的员工会进一步对拒绝原因进行分析，了解为什么领导会拒绝自己的谏言。在考虑拒绝的自我归因时，员工会首先表现出自责的思想倾向，将被拒绝的原因归于是自己谏言的内容不合适，方法不得当等，这些自我归因会负向影响谏言员工的组织自尊和自我效能感，使自尊心和效能感进一步下降。与口头或身体上的分歧不同，被拒绝的员工缺乏了解被拒绝根源的能力。领导拒谏实际是一种单方面的拒绝行为，员工为了维护关系既不能与领导进行争论，也无法立即讨论或推理出被拒绝的原因。对拒谏事件无法掌握和控制，造成控制感的降低。员工的谏言行为可能是出于个人需要满足的目的，期望自己能具有高度的组织归属感，提升组织自尊和自我效能感，证明自己对组织的价值。而这种个人需要与组织的需要并不是背道而驰的，它是相辅相成的，达到组织与个人目标的共同满足。当领导拒绝了下属的谏言，正面影响减少，负面影响增加，对下属而言突出表现为需要遭受到威胁，对组织的归属感降低，组织自尊受到打击，自我效能感和存在意义期望的需要无法得到满足。当个人的需要遭受威胁时，会采取需要强化的方式进一步弥补个人的需要，如更积极、持续的谏言，与领导保持更加密切的人际关系等方式，期望在未来能进一步实现自己需要的满足。本书认为，如果员工在感知需要威胁的情况下采取强化需要的方式，表现出更加积极、持续的谏言意愿或行为，那么领导拒谏就不一定会导致员工未来谏言频率的降低。

第五章

领导拒谏对员工未来谏言频率
影响路径的实验探索

第一节　研究方法介绍

　　在研究方法方面，目前国内组织行为研究中关于谏言及谏言反应的大部分研究都采用问卷调查法来探讨谏言接受者（领导）与谏言发出者（员工）行为之间的关系。然而，问卷研究的最大局限是无法提供拒谏与员工未来谏言的行为反应之间的因果性证据。国外关于这一领域的研究者逐渐开始采用实验法来探讨拒谏与员工未来谏言之间的关系。因此，本书将采用实验方法和问卷调查法对理论假设进行验证。在管理学领域现有文献中，实验研究的实验范式多为先在实验室中采用模拟真实管理情境的场景试验，运用实验方法来操纵被试的拒绝水平（Kim，2018）。研究的总体目标是为了在可控制的实验室环境中创造一种被试提出建议被领导拒绝的状态，随后测量谏言被拒绝程度不同对员工未来行为的影响，进而考察领导拒谏和员工未来谏言频率之间的关系。

一、实验法简介

（一）特点

常用学术研究方法中实验法是通过控制研究对象来发现与确认事物间的因果联系的一种科研方法。其主要特点是主动性、控制性和因果性。

主动性。相对于从客观现象的观察中发现问题，实验采取主动干预的方式，通过对实验条件的操纵，达到实验认知需要。

控制性。科学实验依托方法技术，降低或消除研究需要之外的，可能对实验结果产生干扰的各种因素，控制实验尽可能在简化、纯化的状态下完成。

因果性。实验的目的是发现、确认事物之间的因果联系。

（二）分类

根据实验的实施场所不同，分为实验室实验与实地实验。

实验室实验是指在专业化的实验室中对实验的条件、控制以及实验设计都有严格规定的实验。

实地实验是指在实际情境中进行的实验，也称现场实验。

（三）相关概念

实验法是一种通过研究一个或几个变量对其他变量的效应，进而发现和验证变量间的因果关系的研究方法。在众多量化研究方法中，实验法对研究者来说是相对可控的，但同时它也对研究者提出了较高的研究程序设计和操作环节的严谨性要求。实验法中涉及的相关基本概念如表 5 -1 所示。

表 5-1   实验法相关概念

概念	具体内容
假设	依据现实的观察以及科学理论所作出的对研究问题的暂时性看法和说明。即对研究问题的答案的初步设想，后续研究主要是证明研究假设的正确性
实验组与对照组	在实验研究中，接受实验处理的一组研究对象称为实验组（实验组可能有多个），不接受实验处理的一组研究对象称为控制组（控制组也可能有多个）
随机化	以随机分派的方式将实验对象分派到实验组和控制组（或各个不同的实验组）
实验处理	又称实验刺激（experimental stimulus），指研究者为了弄清自变量的变化对因变量产生的效应，而对自变量施加的控制行为

二、实验研究设计

本书将采用现场随机实验，优先考虑内部有效性，并允许研究人员解释所有相关变量（Aguinis & Vandenberg，2014）。这种程度的控制，加上随机化，使得研究人员能够推断变量间的因果关系（Gielnik et al.，2012；Lerner，2016；Welsh & Ordóñez，2014）。为了弄清领导拒谏对员工未来谏言频率产生的效应，本书所涉及的实验均采用实际情境中对自变量施加控制行为。在实验中，采取随机分派的方式将实验对象分派到拒绝组和控制组；处于拒绝情境的一组研究对象为拒绝组，未处于拒绝情境的一组研究对象为控制组。这样，按照随机抽样的原则，各个组的实验被试的组成、条件基本相同，外部因素影响作用也基本相同。实验结束时，将采用信效度可靠的自我报告工具，如谏言频率量表、同事欺凌量表、职场焦虑情绪量表、拒谏动机量表及需要威胁量表等对相关测量变量进行测量。通过数据分析，对比拒绝组和控制组在实验中的差异，进一步证明研究假设并得出研究结论。

本章通过实验 1 来检验领导拒谏对员工未来谏言频率的影响。具体来说，本章作为正式实验前的预实验，主要目的是对领导拒谏是否会降低员工未来谏言的频率进行探讨并验证其稳定性，并为后续研究提供研究基础。

第二节　领导拒谏对员工未来谏言频率的影响

一、被　试

在实验1中，本章首先关注领导拒谏对员工未来谏言频率的影响。分别选择在同样场景中，领导直接拒绝员工建议和领导没有明确表示拒绝或接纳员工建议的两种场景下，分别对员工未来谏言的频率进行测量。实验1中对领导拒谏的操纵分为拒绝组和控制组两个水平。

在实验过程中，为了尽量降低因被试间的条件差异影响实验结果的可信度，本章对被试进行了随机化分组。简而言之，如果排除了实验组之间自变量因素的影响，经检验后的测量结果不存在显著差异，代表被随机分配到各组中的被试测量结果是有效的，不会受到自变量之外的其他因素影响。这样就可以合理推断员工未来谏言频率是否由自变量的不同水平引起。

我们在中南财经政法大学校园招募被试，为了更好地让被试了解和代入实验的管理情境，在招募条件中要求被试为本科三年级以上且具有金融、经济和管理学的学科背景。本次共招募被试114人，在对数据进行清理时，将选项过于统一和具有规律的9组数据，以及作答不完整的5组数据进行剔除，最终得到有效数据100份。其中，男性占42%，女性占58%。

二、研究设计

本章采用单因素被试间实验设计，自变量是领导拒谏（拒绝组和控制组），每组 50 人。实验采用被试间设计，通过实验操纵使每个被试面对不同的自变量水平，在实验过程中，被试者所处的实验条件、实验处理方法都不尽相同，从而确保不同被试只接受不同的实验条件（自变量水平）并对其做出反应，从而保证实验数据的可靠性，同时，避免了同一被试内在经历多种实验条件所造成的不同实验处理之间的相互影响。在实验时间上，被试间采用单一自变量水平测试，相对于被试内设计用时较短，有效避免了因实验时长造成的被试情绪波动和疲劳效应对实验结果的影响。

招募被试的分组按照随机对照试验要求，采用随机分配的方法，将符合实验标准的被试分配到拒绝组与控制组，在相同的试验环境和程序中，测量实验假设，记录试验结果和评价的试验设计。这种试验设计能较好地避免选择偏倚和混杂因素的影响。

三、程 序

本研究招募的被试均为在校学生，为了不影响被试正常上课，所以研究者将实验时间选择在周日进行，并通知被试在 14：00 - 15：00 来到实验室参与本次试验。研究者将所有被试召集到之前准备好的一间教室并告诉被试，本次试验是为了调查在组织中员工参与组织活动过程中的心理和行为变化。随后，研究者告诉被试可以自由选择进入 A 教室或 B 教室，但每个教室只能容纳 60 人。待所有被试自由选择进入教室后，研究者在 A 教室、B 教室分别播放材料 PPT，告诉被试想象你是背景材料中这家企业的一名员工，企业的发展需要每个员工积极地参与，材料中的场景只是日常工作中很常见的一个问题。A 教室为拒绝组被试，他们会看到一个关于员工对上述背景材料中存在的问题向自己的领导提出建议和想法，并被领导严肃拒绝的过程。而 B 教室为控制组被试，他们会看到一个关于员工对上述背景材料中存在的问题向自己的领导提出建议和想法，但并没有被领导明确拒绝或接受的过程。在实验阶段完成之后，两组被试分别填写在实验过程中感知的被拒绝水平和人口统计学变量的测量。之后，研究人员要求两组被试回忆并代入情境后，根据自己的意愿填写已经提前准备好的未来谏言频率的测量问卷。在整个过程中，研究者加入了2项与研究主题无关但与背景材料密切相关的题目，研究者希望通过这样的解释和操作来掩盖实验的真实目的。

问卷填写阶段完成后，整个研究结束。研究者询问每一位被试本实验的目的，剔除发现实验真实意图被试的数据。

四、测量

1. 领导拒谏程度

本次试验测量被试的感知被拒绝程度是为了进行拒绝操纵的有效性检验。

被试填写的问卷中包括四类问题，为了避免被试在实验过程中察觉实验的目的和所研究的主题，影响被试的判断和实验结果，特别设置第2题、第3题来掩盖研究者关注的实验主题，测试结果不计入后期的实验数据统计中。

试验采用程度测试法，对被试在场景中感知到的被领导拒绝的水平进行了测试，程度分为1~7级，1代表极不可能被拒绝，7代表极可能被拒绝，分值在4以下代表没有感受到被领导拒绝，分值在4以上代表感受到被领导拒绝，且分值越高感知被拒绝的程度越高。

2. 未来谏言频率

试验采用未来谏言频率量表（Van Dyne & LePine，1998）来测量被试在实验任务后领导的拒绝行为对员工未来谏言频率的影响。以往研究显示，该量表具有良好的信效度。该量表询问的是"在领导拒谏之后，你认为以下行为发生的可能性有多大"。1～7 表示从"非常不同意"到"非常同意"的程度。典型的题目诸如"我会继续发现影响企业发展的问题并对此提出建议"以及"对于影响企业工作生活质量的问题，我会提出自己的建议"。试验采用中，该量表的 *Cronbach's α* 值为 0.94。

五、数据处理

试验采用 SPSS 26.0 软件，对实验数据进行方差分析和 t 检验，探讨不同的领导拒绝水平对被试未来谏言频率的影响。

六、实验结果

(一) 操纵有效性检验

为了检验被试不同的拒绝状态是否受到拒绝水平操纵的影响，试验对拒绝水平的操纵有效性进行检验。

实验结果表明，对领导拒谏水平的操纵的确导致了被试不同的感知拒绝状态，$F(1,98) = 334.40$，$p < 0.001$，$\eta^2 = 0.77$。拒绝组被试（$M = 5.82$，$SD = 0.71$）在实验过程中的拒绝水平显著高于控制组被试（$M = 2.44$，$SD = 1.09$），$t = 21.38$，$p < 0.001$，*Cohen's d* $= 1.03$。因此，研究所采用的领导拒谏水平操纵取得了预期的效果，即拒绝水平操纵会导致被试不同的感知拒绝状态（见图 5-1）。

(二) 主效应检验

通过对拒绝组、控制组实验数据进行单因素协方差分析，结果表明，领导拒谏水平对员工未来谏言频率的影响显著，$F(1,98) = 36.78$，$p < 0.001$，$\eta^2 = 0.27$。拒绝组被试（$M = 3.78$，$SD = 1.74$）在实验过程中的

员工未来谏言频率显著低于控制组被试（$M = 5.49$，$SD = 0.95$），$t = 9.95$，$p < 0.001$，$Cohen's\ d = 1.21$。拒绝组被试与控制组被试在员工未来谏言频率上存在显著差异（见图 5-2）。

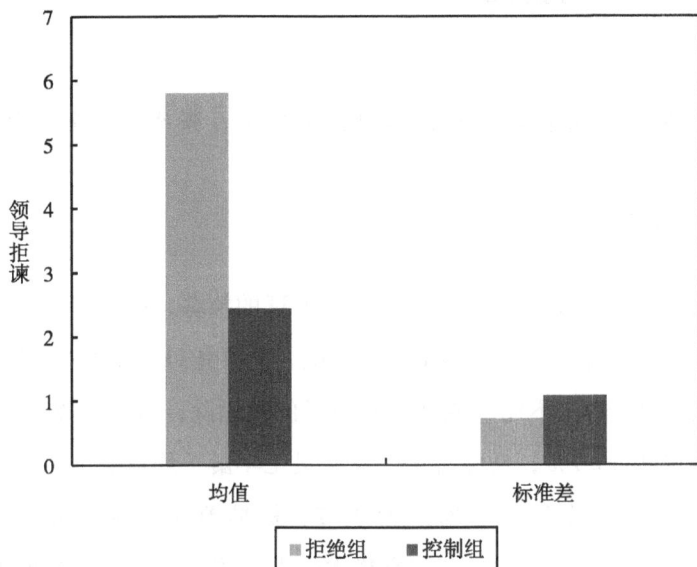

图 5-1　领导拒谏水平差异

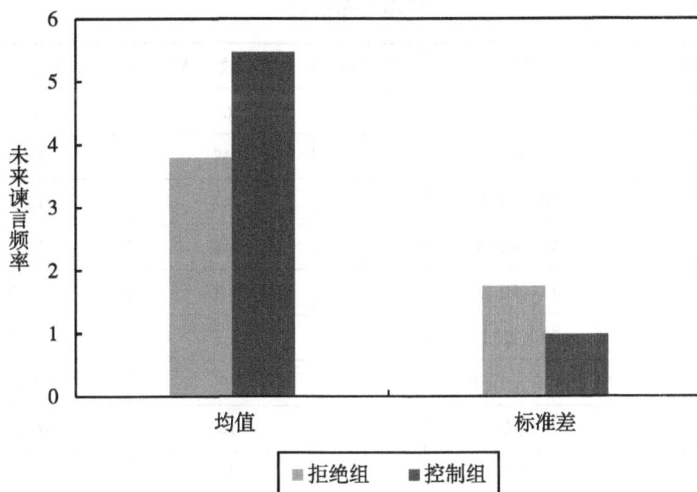

图 5-2　主效应差异

<table>
<tr><td>第三节</td><td>领导拒谏对员工未来谏言频率影响的中介
作用验证</td></tr>
</table>

一、职场焦虑在领导拒谏和员工未来谏言频率之间的中介效应

（一）被试

因疫情影响，试验无法在线下完成被试的招募，故选择通过网络平台，采取付费征集的方式在线上招募被试。共招募117名被试，其中，有6名被试因填写信息不完整或猜出实验目的被剔除，有效数据为111份。其中，男性占56.7%，女性占43.3%；员工年龄平均值为1.79，标准差为0.86；岗位工作年限平均值为2.72，标准差为1.00；大专学历占16.2%，本科学历占71.1%。研究样本的人口统计学特征分布如表5-2所示。

表5-2 样本分布情况

人口统计学变量	类别	平均值	样本数（人）	百分比（%）
性别	男	0.43	63	56.7
	女		48	43.3
年龄	20～30岁	1.79	47	42.3
	31～40岁		48	43.3
	41～50岁		8	7.2
	50岁以上		8	7.2
学历	中专及以下	2.72	9	8.2
	大专		18	16.2
	本科		79	71.1
	研究生及以上		5	4.5

续表

人口统计学变量	类别	平均值	样本数（人）	百分比（%）
工作年限	1 年以内	2.72	16	14.4
	1~5 年		27	24.4
	5~10 年		40	36.0
	10 年以上		28	25.2

注：$n = 111$。

（二）研究设计

研究采用单因素被试间实验设计，自变量为领导拒谏（拒绝组与控制组），样本具体分布情况如表 5-3 所示。

表 5-3　　　　　　　　　　分组样本分布情况

类别		拒谏组		控制组	
		均值	人数	均值	人数
性别	男		27		36
	女		26		22
年龄		1.98	53	1.62	58
学历		2.68	53	2.76	58
工作年限		2.98	53	2.48	58

实验采用被试间设计，通过实验操纵使每个被试面对不同的自变量水平，在实验过程中，被试者所处的实验条件、实验处理都不尽相同，从而确保不同被试只接受不同的实验条件（自变量水平）并对其做出反应，从而保证实验数据的可靠性，同时，避免了同一被试内在经历多种实验条件所造成的不同实验处理之间的相互影响。从实验时间上，被试间设计采用单一自变量水平测试，相对于被试内设计用时较短，有效避免了因实验时长造成的被试情绪波动和疲劳效应对实验结果的影响。

招募被试的分组按照随机对照试验要求，采用随机分配的方法，将符合实验标准的被试分别分配到拒绝组与控制组。这种试验设计能较好地避免选择偏倚和混杂因素的影响。

在实验过程中，为了尽量降低因被试间的条件差异影响实验结果的可信度，对被试进行了随机分组。简而言之，如果排除了实验组之间自变量因素的影响，经检验后的测量结果不存在显著差异，代表被随机分配到各组中的被试测量结果是有效的，不会受到自变量之外的其他因素影响。这样就可以合理推断员工未来的谏言频率是否由自变量的不同水平引起。试验通过比对各组被试的数量分配情况，以及各组被试除自变量之外的性别、年龄、受教育水平和工作年限的描述性统计结果，不存在显著的差异，实验的随机化分组是有效的。

（三）程序

因招募的被试通过线上平台参与。我们对实验被试招募的人数提前进行控制，下限为110人，为了保证被试能在同一时间进入实验，我们将线上进入实验的时间定为1小时，如超过1小时，则实验通道关闭，不允许被试再进入实验。待被试招募完成后，实验准备阶段任务完成。在实验正式开始前，研究者告知所有参与实验的被试本研究的目的是调查在组织中员工参与组织活动过程中的心理和行为变化。首先，参与实验的被试会看到一段背景材料，并代入情境中，想象自己是这家企业的一名员工，企业的发展需要每个员工的积极参与，材料中的场景是日常工作中很常见的一个问题。接下来，研究者通过线上流程控制，让被试可以随机被分配进入拒绝实验组或控制实验组，并对每个实验组被试人数进行控制，实验组人数下限为55人。拒绝组被试会看到一个关于员工对上述背景材料中存在的问题向自己的领导提出建议和想法，并被领导严肃拒绝的过程。而控制组被试会看到一个关于员工对上述背景材料中存在的问题向自己的领导提出建议和想法，但并没有被领导明确拒绝或接受的过程。在实验完成后，两组被试分别填写在实验过程中感知的被拒绝水平和人口统计学变量的测量。之后，研究人员要求两组被试回忆并代入情境后，根据自己的意愿填写职场焦虑和未来谏言频率的测量问卷。在问卷中，研究者加入了2项与研究主题无关但与背景材料密切相关的题目，研究者希望通过这样的解释和操作来掩盖实验的真实目的。

问卷填写阶段完成后，整个实验结束。

（四）测量

1. 领导拒谏水平

本次试验测量被试的感知被拒绝程度是为了进行拒绝操纵的有效性检验。

被试填写的问卷中包括四类问题，为了避免被试在实验过程中察觉实验的目的和所研究的主题，影响被试的判断和实验结果，特别设置第2、第3题来掩盖研究者关注的实验主题，测试结果不计入后期的实验数据统计中。

本次试验采用程度测试法，对被试在场景中感知到的被领导拒绝的水平进行了测试，程度分为1~7等级，1代表极不可被拒绝，7代表极可能被拒绝，分值在4以下代表没有感受到被领导拒绝，分值在4以上代表感受到被领导拒绝，且分值越高感知被拒绝的程度越高。

2. 职场焦虑

本次试验采用职场焦虑的测量量表（McCarthy & Goffin，2004）来测量被试在实验任务后领导的拒绝行为对员工职场焦虑情绪的影响。在以往研究中，该量表具有良好的信效度。该量表询问的是"在领导拒谏之后，你觉得自己在接下来的工作中做出如下反应的可能性有多大"。1表示"非常不同意"，7表示"非常同意"。典型的题目诸如"我经常会担心自己工作表现不佳"以及"我担心会无法得到领导积极的工作绩效评价"。本次试验中，该量表的 *Cronbach's* α 系数值为 0.90。

3. 未来谏言频率

本次试验采用未来谏言频率的测量量表（Van Dyne & LePine, 1998）来测量被试在实验任务后领导的拒绝行为对员工未来谏言频率的影响。在以往研究中，该量表具有良好的信效度。该量表询问的是"在领导拒谏之后，你认为以下行为发生的可能性有多大"。1~7 表示从"非常不同意"到"非常同意"的程度。典型的题目诸如"我会继续发现影响企业发展的问题并对此提出建议"以及"对于影响企业工作生活质量的问题，我会提出自己的建议。"本次试验中，该量表的 *Cronbach's* α 系数值为 0.93。

4. 控制变量

以往研究发现员工的人口统计学特征（如年龄、教育程度、岗位年限等）会影响员工谏言行为（段锦云等，2007；段锦云等，2016）。因此，在探讨职场焦虑对领导拒谏与员工未来谏言频率的影响关系时，试验将被试的性别、年龄、教育程度、工作年限作为控制变量。

（五）数据处理

试验采用 SPSS26.0 软件对实验数据进行方差分析和 t 检验，运用海斯（Hayes, 2012）编制的 SPSS 宏程序 Process 进行偏差校正的百分位 Bootstrap 法重复抽样 5000 次，计算 95% 的置信区间，检验研究的中介效应：领导拒谏→职场焦虑→未来谏言频率。

（六）结论

1. 相关性分析

由表 5-4 可知，员工职场焦虑情绪与未来谏言频率呈显著的负相关，这样的结果为本章之后检验领导拒谏→职场焦虑情绪→未来谏言频率的中介模型奠定了基础。

表 5 - 4　　　　　　　　　　　相关分析矩阵

变量	*M*	*SD*	1
职场焦虑	3.78	1.51	
未来谏言频率	4.51	1.51	− 0.43 **

注：** *p* < 0.01

2. 操纵有效性检验

试验通过对实验数据进行 t 检验，发现拒绝水平的操纵的确影响了被试感觉到的拒绝水平，拒绝组被试（$M = 5.75$，$SD = 1.22$）的被拒绝水平显著高于控制组被试（$M = 3.38$，$SD = 1.50$），$t = 5.24$，$p < 0.001$，*Cohen's d* $= 1.00$。由此可知，本次试验中拒绝水平操纵发挥了预期效果（见图 5 - 3）。

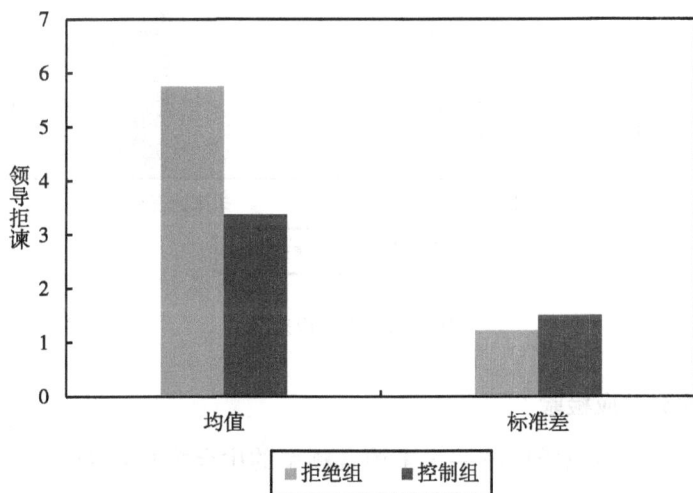

图 5 - 3　领导拒谏水平差异

3. 主效应检验

研究通过对拒绝组、控制组实验数据进行单因素协方差分析，结果表明，操纵拒绝水平对于被试的职场焦虑情绪产生了影响，$F(6,104) = 11.21$，$p < 0.001$，$\eta^2 = 0.39$。事后比较显示，拒绝组被试（$M = 4.51$，

$SD = 1.30$）的职场焦虑水平显著高于与控制组被试（$M = 3.11$，$SD = 1.37$），$t = 5.49$，$p < 0.001$，$Cohen's\ d = 1.04$。操纵拒绝水平影响被试的未来谏言频率，$F(6,104) = 6.39$，$p < 0.001$，$\eta^2 = 0.26$。事后比较显示，拒绝组被试（$M = 3.77$，$SD = 1.43$）的未来谏言频率水平显著低于控制组被试（$M = 5.18$，$SD = 1.25$），$t = -5.48$，$p < 0.001$，$Cohen's\ d = -1.04$。

由此可知，拒绝水平的操纵的确会影响被试的职场焦虑，并对员工未来的谏言频率造成消极的影响（见图 5 - 4）。

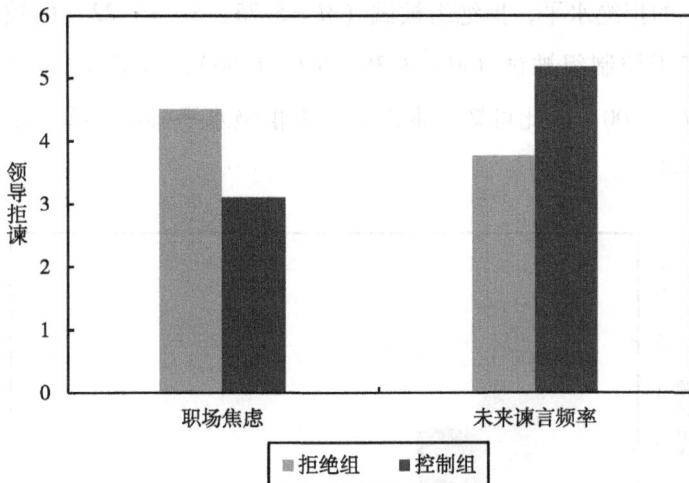

图 5 - 4　主效应差异

4. 中介效应检验

领导拒谏→职场焦虑→未来谏言频率的中介模型显著，$R^2 = 0.22$，$F(2,108) = 16.07$，$p < 0.001$。

拒绝水平影响未来谏言频率的总效应显著，$B = -0.41$，$SE = 0.08$，$t = -4.85$，$p < 0.001$，$95\%\ CI = [-0.58,\ -0.24]$。当模型中加入中介变量职场焦虑后，拒绝水平影响未来谏言频率的直接效应也显著，$B = -0.25$，$SE = 0.10$，$t = -2.49$，$p < 0.05$，$95\%\ CI = [-0.45,\ -0.04]$，而拒绝水平通过职场焦虑影响谏言频率的间接效应显著，$B = -0.16$，

$SE = 0.06$，95% $CI = [-0.31, -0.04]$。

进一步分析职场焦虑的中介效应后发现，拒绝水平操纵（拒绝组 vs. 控制组）对职场焦虑的预测作用显著（$B = 0.40$，$SE = 0.25$，$p < 0.001$），而职场焦虑对未来谏言频率的预测作用也显著（$B = -0.27$，$SE = 0.09$，$p < 0.05$）。

因此，职场焦虑是领导拒谏与员工未来谏言频率之间的部分中介变量，如图 5-5 所示。

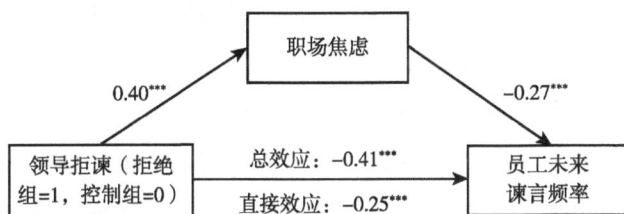

图 5-5　职场焦虑的中介作用

注：$*p < 0.05$，$***p < 0.001$。

（七）结论

本次试验操纵了领导拒绝水平并检验了员工职场焦虑在领导拒谏与员工未来谏言频率之间的中介作用。结果发现，员工职场焦虑是领导拒谏对员工未来谏言频率的影响过程的中介变量。

第一，研究有助于增进对职场焦虑的理解。首先，研究将员工职场焦虑看作是一个状态性变量来进行探讨。斯皮尔伯格（Spielberger，1985）将焦虑定义为在评估威胁情境时体验紧张和担忧的倾向，强调了焦虑的多面性，并区分了特质焦虑和状态焦虑的一般水平。特质型工作场所焦虑概念化为对工作表现的紧张、不安的个体差异，状态型工作场所焦虑是反映在特定场所中对特定工作表现出的一种短暂性的不安、紧张的情绪。从理论上讲，特质性工作场所焦虑与状态型焦虑一致，如考试焦虑（Spielberger, Anton & Bedell, 1976）和竞技体育焦虑（Martens et al., 1990）。但在组织行为学领域，状态型焦虑对员工在工作场所中的行为更具有解释力（Cerin，2004；Raufelder et al.，2016）。所以本次试验是在将职场焦虑看作是因为工作事件所引起的焦虑的前提下来讨论其对员工工作行为的影响更为合理。其次，之前关于职场焦虑的研究侧重于从谏言类别上（如促进性谏言或抑制性谏言）来探讨谏言对焦虑的影响作用，或从谏言行为对领导情绪的影响层面探讨领导的焦虑情绪，或是探讨某种领导风格造成员工焦虑并影响员工行为，对领导拒谏事件引发员工职场焦虑的关注和研究比较缺乏。最后，之前的研究更侧重于将焦虑作为消极情绪的一方面来进行探讨，但消极情绪涵盖过于广泛，在不进行情绪差异区分的基础上笼统地探讨某类情绪对行为的影响，不能代表焦虑对行为的影响。焦虑是一种普遍存在的情绪，有意识的人都会产生焦虑，本次试验将焦虑具体化为工作场所的焦虑，是由各种工作场所事件引发的并影响工作行为的一种情绪，进一步拓展了有关职场焦虑的相关研究成果。

第二，研究还有助于增进对职场焦虑降低员工未来谏言频率的理解。一方面，现有的研究虽然关注了焦虑对员工行为的影响，但没有在领导拒谏的事件刺激中去讨论焦虑对未来谏言的影响。另一方面，现有研究对职场焦虑造成影响的结论存在差异，一部分学者认为是消极的，还有一部分学者认为是积极的或没有关系的。本次试验基于情感事件理论，进一步论证了由工作场所事件刺激造成的职场焦虑会削弱积极的工作表现，造成消极的行为结果。

根据职场焦虑相关研究的发现，个人因素（Rislcindetal，2010）、同事间的竞争（Dormaim & Zapf，2002）也会增加或减少职场焦虑带来的影响，因此，本章会在后续的研究中进一步探讨同事欺凌对领导拒谏与职场焦虑影响过程的中介作用。

二、同事欺凌在领导拒谏与职场焦虑情绪之间的中介效应

本部分在上述研究的基础上，进一步探讨同事欺凌是否是领导拒谏

影响员工职场焦虑过程中的中介变量。由于实验发现员工的职场焦虑是领导拒谏影响未来谏言频率过程中的中介变量，因此，本部分继续探讨同事欺凌是否可能成为领导拒谏影响员工职场焦虑过程中的中介变量，并为后续实验研究奠定基础。

（一）被试

因疫情影响，无法在线下完成实验被试的招募，故选择通过网络平台，采用付费的方式线上招募被试。共招募 128 名被试参与，其中，有 8 名被试因填写不完整或猜出实验目的被剔除，有效数据为 120 份。其中，男性占 54.1%，女性占 45.9%；员工年龄的平均值为 1.55，标准差为 0.73；岗位工作年限平均值为 2.59，标准差为 0.89；中专（含高中）及以下学历占 5.0%，大专学历占 16.7%，本科学历占 70.7%，硕士及以上学历占 7.6%。样本的详细人口统计学特征分布如表 5-5 所示。

表 5-5　　　　　　　　　样本分布情况

人口统计学变量	类别	平均值	样本数（人）	百分比（%）
性别	男	0.45	65	54.1
	女		55	45.9
年龄	20~30 岁	1.55	67	55.8
	31~40 岁		44	36.6
	41~50 岁		5	4.2
	50 岁以上		4	3.4
学历	中专及以下	2.80	6	5.0
	大专		20	16.7
	本科		85	70.7
	研究生及以上		9	7.6
工作年限	1 年以内	2.59	11	9.3
	1~5 年		49	40.8
	5~10 年		38	31.6
	10 年以上		22	18.3

注：$n = 120$。

（二）研究设计

本次试验采用被试间实验设计，自变量为领导拒谏（拒绝组与控制组），具体样本分布情况如表 5-6 所示。

表 5-6　　　　　　　　　分组样本分布情况

类别		拒谏组		控制组	
		均值	人数	均值	人数
性别	男		29		36
	女		27		28
年龄		1.53	56	1.56	64
学历		2.81	56	2.80	64
工作年限		2.59	56	2.59	64

通过实验操纵使每个被试面对不同的自变量水平，在实验过程中，被试者所处的实验条件、实验处理都不尽相同，从而确保不同被试只接受不同的实验条件（自变量水平）并对其做出反应，从而保证实验数据的可靠性，同时，避免了同一被试内在经历多种实验条件所造成的不同实验处理之间的相互影响。从实验时间上，被试间设计采用单一自变量水平测试，相对于被试内设计用时较短，有效避免了因实验时长造成的被试情绪波动和疲劳效应对实验结果的影响。

招募被试的分组按照随机对照试验要求，采用随机分配的方法，将符合实验标准的被试分别分配到拒绝组与控制组。这种试验设计能较好地避免选择偏倚和混杂因素的影响。

在实验过程中，为了尽量降低因被试间的条件差异影响实验结果的可信度，本次试验对被试进行了随机分组。简而言之，如果排除了实验组之间自变量因素的影响，经检验后的测量结果不存在显著差异，代表被随机分配到各组中的被试测量结果是有效的，不会受到自变量之外的其他因素影响。这样就可以合理推断员工未来的谏言频率是否由自变量的不同水平引起。本次试验通过比对各组被试的数量分配情况以及各组被试除自变量之外的性别、年龄、受教育水平和工作年限的描述性统计结果，不存在显著的差异，实验的随机化分组是有效的。

（三）程序

因本次试验招募的被试通过线上平台参与，我们对实验被试招募的人数提前进行控制，下限为110人，为了保证被试能在同一时间进入实验，我们将线上进入实验的时间定为1小时，如超过1小时，则实验通道关闭，不允许被试再进入实验。待被试招募完成后，实验准备阶段任务完成。在正式实验开始前，研究者告知所有参与实验的被试本次试验目的是调查在组织中员工参与组织活动过程中的心理和行为变化。首先，参与实验的被试会看到一段背景材料，并代入情境中，想象自己是这家企业的一名员工，企业的发展需要每个员工积极地参与，材料中的场景是日常工作中很常见的一个问题。接下来，研究者通过线上流程控制，让被试可以随机被分配进入拒绝实验组或控制实验组，并对每个实验组被试人数进行控制，实验组人数下限为55人。拒绝组被试会看到一个关于员工对上述背景材料中存在的问题向自己的领导提出建议和想法，并被领导严肃拒绝的过程。而控制组被试会看到一个关于员工对上述背景材料中存在的问题向自己的领导提出建议和想法，但并没有被领导明确拒绝或接受的过程。在实验阶段完成之后，拒绝组和控制组的被试都需要填写她们在实验过程中的被拒绝水平。之后，研究人员要求两组被试回忆并代入情境后，根据自己的意愿填写对同事欺凌、职场焦虑和人口统计学变量的测量问卷。在问卷中，研究者加入了2项与研究主题无关但与背景材料密切相关的题目，研究者希望通过这样的解释和操作来掩盖实验的真实目的。

问卷填写阶段完成后，整个实验结束。

（四）测量

1. 领导拒谏水平

被试填写的问卷中包括四类问题，为了避免被试在实验过程中察觉实验的目的和所研究的主题，影响被试的判断和实验结果，特别设置第2、第3题来掩盖研究者关注的实验主题，测试结果不计入后期的实验数据统计中。

本次试验采用程度测试法，对被试在场景中感知到的被领导拒绝的水平进行了测试，程度分为1~7等级，1代表极不可被拒绝，7代表极可能被拒绝，分值在4以下代表没有感受到被领导拒绝，分值在4以上代表感受到被领导拒绝，且分值越高感知被拒绝的程度越高。

2. 同事欺凌

本次试验采用同事欺凌的测量量表（Einarsen et al.，2018）来测量被试在实验任务后领导的拒绝行为对同事欺凌行为的影响。在以往研究中，该量表具有良好的信效度。该量表询问的是"请回忆上述情境，当同事了解你向领导提出建议被拒绝后，你觉得你的同事在日常工作中做出如下行为的可能性有多大"。1~7代表程度变化，1表示"非常不同意"，7表示"非常同意"。典型的题目诸如"有的同事会搬弄是非，制造或散播有关你的谣言"以及"有的同事会过度监管我的工作情况"。本次试验中，该量表的 *Cronbach's α* 值为0.76。

3. 职场焦虑

本次试验采用职场焦虑的测量量表（McCarthy & Goffin，2004）来测量被试在实验任务后领导的拒绝行为对员工职场焦虑情绪的影响。在以往研究中，该量表具有良好的信效度。该量表询问的是"在领导拒谏之后，你觉得自己在接下来的工作中做出如下反应的可能性有多大"。1~7表示从"非常不同意"到"非常同意"的程度。典型的题目诸如"我经常会担心工作表现不佳"以及"我担心会无法得到领导积极的工作绩效评价"。本次试验中该量表的 *Cronbach's α* 值为0.92。

4. 控制变量

在以往关于职场焦虑的研究中发现，员工的性别、年龄和工作年限在工作场所焦虑中也扮演着重要的角色（Barrett et al.，1998），比如年长的（Roberts, Walton & Viechtbauer, 2006）和经验丰富的员工（Motowid-lo et al., 1986）可能表现出较低的焦虑水平。随着任期和经验的增加，员工会变得适应和精通他们的工作（Katz, 1980）。员工还可以获得工作知识和技能发展，这将随着任期的延长而增加（Tesluk & Jacobs, 1998）。因此，在探讨职场焦虑对领导拒谏与员工未来谏言频率的影响关系时，本次试验将被试的性别、年龄、受教育程度、工作年限作为控制变量。

（五）数据处理

本次试验对实验数据进行了方差分析和 t 检验，并运用 SPSS 宏程序 Process 进行偏差校正的百分位 Bootstrap 法，重复抽样 5000 次，计算 95% 的置信区间，来检验研究的中介效应：领导拒谏→同事欺凌→员工职场焦虑。

（六）结果

1. 相关分析

由表 5－7 可知，同事欺凌与员工职场焦虑呈显著的正相关，这样的结果为本次试验之后检验领导拒谏→同事欺凌→员工职场焦虑的中介模型奠定了基础。

表 5－7　　　　　　　　　　相关分析矩阵

变量	M	SD	1
同事欺凌	3.78	1.47	
职场焦虑	5.16	1.30	-0.46**

注：$**p < 0.01$。

2. 操纵有效性检验

试验结果表明，被试感觉到的拒绝水平受到了拒绝水平操纵的影响，拒绝组被试（$M = 5.89$，$SD = 1.12$）的被拒绝水平显著高于控制组被试（$M = 4.22$，$SD = 1.58$），$t = 6.57$，$p < 0.001$，$Cohen's\ d = 1.21$。由此可知，本次试验中拒绝水平的操纵发挥了预期的效果（见图 5－6）。

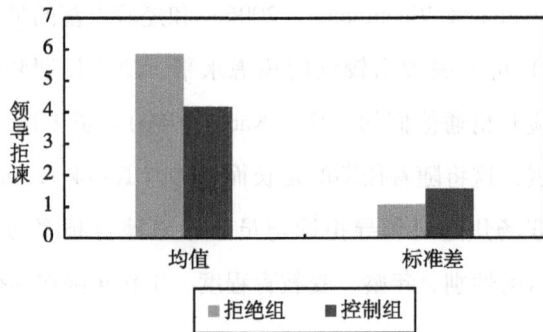

图 5 - 6　领导拒谏水平差异

3. 主效应检验

本次试验通过对拒绝组、控制组实验数据进行单因素协方差分析，发现操纵拒绝水平对于被试的同事欺凌情绪产生了影响，$F(6,113) = 5.47$，$p < 0.001$，$\eta^2 = 0.22$。事后比较显示，拒绝组被试（$M = 4.12$，$SD = 1.37$）的同事欺凌水平显著高于与控制组被试（$M = 3.48$，$SD = 1.51$），$t = 2.39$，$p < 0.05$，Cohen's $d = 0.44$。操纵拒绝水平对被试的职场焦虑也产生了影响，$F(6, 113) = 6.71$，$p < 0.001$，$\eta^2 = 0.19$。事后比较显示，拒绝组被试（$M = 5.54$，$SD = 1.05$）的职场焦虑水平显著高于控制组被试（$M = 4.82$，$SD = 1.41$），$t = 3.16$，$p < 0.01$，Cohen's $d = 0.58$。

由此可知，拒绝水平操纵的确会对同事欺凌和职场焦虑产生正向的影响作用（见图 5 - 7）。

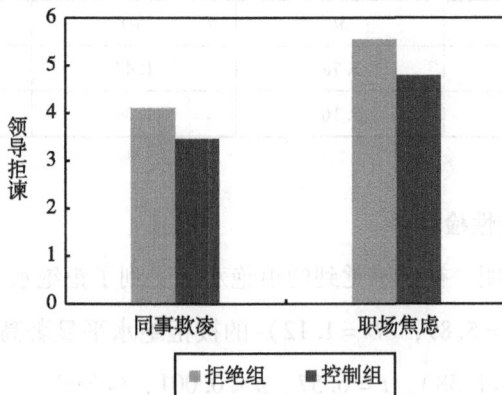

图 5 - 7　主效应差异

4. 中介效应检验

领导拒谏→同事欺凌→职场焦虑的中介模型显著，$R^2 = 0.27$，$F(2, 117) = 21.69$，$p < 0.001$。

拒绝水平对职场焦虑影响的总效应显著，$B = 0.33$，$SE = 0.06$，$t = 4.93$，$p < 0.001$，$95\% \ CI = [0.20, 0.46]$。当模型中加入中介变量同事欺凌后，拒绝水平对职场焦虑影响的直接效应也显著，$B = 0.21$，$SE = 0.07$，$t = 2.97$，$p < 0.05$，$95\% \ CI = [0.35, 0.71]$。拒绝水平通过同事欺凌影响职场焦虑的间接效应显著，$B = 0.12$，$SE = 0.04$，$95\% \ CI = [0.03, 0.22]$。进一步分析同事欺凌的中介效应后发现，拒绝水平操纵（拒绝组 vs. 控制组）对同事欺凌的预测作用显著（$B = 0.63$，$SE = 0.26$，$p < 0.05$），而同事欺凌对职场焦虑的预测作用也显著（$B = 0.37$，$SE = 0.07$，$p < 0.001$）。

因此，同事欺凌是领导拒谏与职场焦虑之间的部分中介变量，如图 5 - 8 所示。

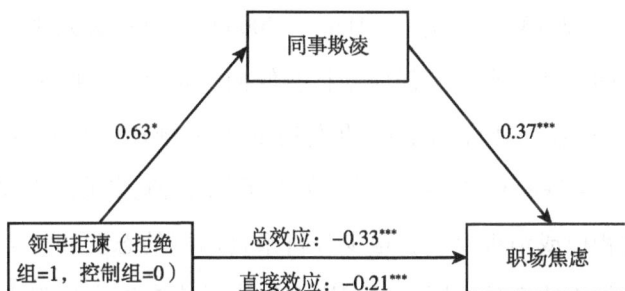

图 5 - 8　同事欺凌的中介作用

注：$*p < 0.05$，$***p < 0.001$，在模型中已加入控制变量。

（七）结论

本次试验通过操纵领导拒谏水平，检验了同事欺凌在领导拒谏影响员工职场焦虑过程中的中介作用。结果发现，同事欺凌在领导拒谏影响员工职场焦虑过程中起到了部分中介作用。

第一，领导拒谏会影响同事欺凌。对谏言者而言，谏言有时会给自己带来一定的风险和危害。然而，员工谏言的风险不仅来自谏言的接受者可能的拒绝或惩罚等行为结果，在实际的管理情景中，作为第三方的同事对谏言者采取的漠视、不尊重以及言语侮辱等行为的情况也时有发生。虽然员工的谏言出于组织改进（Burris，Rockmann & Kimmons，2017），但其本质是一种对组织现状的挑战，其目的是改变组织现状（Li，Liang & Farh，2020）。谏言行为为同事带来机会和帮助，也可能导致同事的利益受损，并被同事看作是麻烦制造者（Thomas et al.，2020）。当员工的谏言被领导拒绝了，作为观察者的同事并不能了解其中的原因，Blader 等（2013）认为，作为观察者的同事对谏言者的评价是一个必要的起点，他们对谏言被拒的员工所经历的遭遇会基于自己的评估作出反应。当同事觉得员工的行为是应该被拒绝的，可能会有一种满足感，如幸灾乐祸（Feather，2006）。有研究表明，目睹工作场所拒绝或虐待等行为可以激发作为第三方的同事的不同行为反应，如有害于同事的反生产行为（Harris et al.，2013）。事实上，Haidt（2003）通过研究发现，从他人的不幸中唤起的情绪似乎没有任何亲社会倾向。相反，这些情绪会激发负面行为，并转化为对目标个体的直接贬损和排斥（Opotow & Weiss，2000；Spears & Leach，2004）。以往关于谏言的研究多关注于领导对员工谏言行为的积极或消极反应，很少分析来自同事的态度和行为，特别是在领导拒绝员工谏言后，同事的态度及行为反应在谏言员工未来行为影响中所发挥的作用。因此，研究通过实验进一步验证了员工谏言被领导拒绝后引发的来自同事的风险，即同事欺凌行为的产生，为研究领导拒谏的理论发展提供了一个可能的研究方向。

第二，同事欺凌对职场焦虑的影响作用。领导拒谏对谏言的员工无疑是一种压力和威胁，压力事件是导致职场焦虑情绪的主要原因，领导拒谏作为一种工作场所的拒绝事件，会给谏言的员工带来压力和威胁感，进而会引发谏言员工的即时情绪反应，表现为职场焦虑情绪的增加。基于上述论证，我们发现领导拒谏会进一步引发同事欺凌，而工作场所的欺凌行为也被认为是一种障碍需求，因为受影响的人独自应对这种障碍十分困难，所以会表现出长期的精神压力。因此，来自领导和同事的双重压力源威胁着员工，造成员工持续的职场焦虑。研究证实了同事欺凌会增加谏言者的职场焦虑，并进一步证实了同事欺凌是领导拒谏影响员工职场焦虑过程中的一个中介变量。

由于实验发现了员工职场焦虑是领导拒谏影响员工未来谏言频率的中介变量，本次实验又发现了同事欺凌是领导拒谏影响员工职场焦虑的中介变量。那么，领导拒谏就有可能通过同事欺凌再通过员工职场焦虑来影响未来谏言频率。

三、同事欺凌与职场焦虑情绪在领导拒谏影响员工未来谏言频率过程中的链式中介效应

本次实验对领导拒谏→同事欺凌→员工职场焦虑→员工未来谏言频率的链式中介模型进行检验。通过实验验证了领导拒谏→员工职场焦虑→员工未来谏言频率的简单中介模型，结果发现员工职场焦虑情绪是领导拒谏影响员工未来谏言频率过程中的部分中介变量。通过实验验证了领导拒谏→同事欺凌→员工职场焦虑的简单中介模型，结果发现，同事欺凌是领导拒谏影响员工职场焦虑情绪过程中的部分中介变量。但是，实验的结果不足以说明领导拒谏一定会先通过同事欺凌再通过员工职场焦虑来影响员工未来谏言频率，也无法说明当同事欺凌与员工职场焦虑同时作为中介变量时，领导拒谏是否可能跳过同事欺凌而直接通过职场焦虑情绪影响员工未来谏言频率。因此，本部分将通过实验来考察领导拒谏通过同事欺凌与员工职场焦虑的连续中介对员工未来谏言频率的影响。

（一）被试

受疫情影响，无法在线下完成被试的招募，故选择通过网络平台招

募被试。本次试验采用纵向设计，分三个时间阶段收集样本数据，数据收集过程均在网上完成。第一轮共有207名被试参与了第一阶段的数据收集；第二轮有48名被试没有继续参与，实际参与被试为159名；第三轮数据收集共有137名被试参与，其中，有7名被试因资料填写不完整或猜出实验目的被剔除，有效样本为130份。其中，男性占60%，女性占40%；员工年龄的平均值为1.74，标准差为0.85；岗位工作年限的平均值为2.65，标准差为0.99；中专（含高中）及以下学历占7.7%，大专学历占13.8%，本科学历占72.2%，硕士及以上学历占6.3%。研究样本的详细人口统计学特征如表5－8所示。

表5－8　　　　　　　　　　样本分布情况

人口统计学变量	类别	平均值	样本数（人）	百分比（%）
性别	男	0.40	78	60
	女		52	40
年龄	20~30岁	1.74	58	44.6
	31~40岁		53	40.8
	41~50岁		8	6.3
	50岁以上		8	6.3
学历	中专及以下	2.72	10	7.7
	大专		18	13.8
	本科		94	72.2
	研究生及以上		8	6.3
工作年限	1年以内	2.65	20	15.4
	1~5年		33	25.4
	5~10年		44	33.8
	10年以上		33	25.4

注：$n=130$。

（二）研究设计

本次试验涉及的自变量为领导拒谏（拒绝组与控制组），采用单因素被试间实验设计，具体分组样本分布情况如表5－9所示。

表 5 - 9　　　　　　　　　　分组样本分布情况

类别		拒谏组		控制组	
		均值	人数	均值	人数
性别	男		37		41
	女		28		24
年龄		1.90	65	1.55	65
学历		2.70	65	2.77	65
工作年限		2.86	65	2.48	65

实施被试间设计，通过实验操纵使每个被试面对不同的自变量水平，在实验过程中，被试者所处的实验条件、实验处理都不尽相同，从而确保不同被试只接受不同的实验条件（自变量水平）并对其作出反应，从而保证实验数据的可靠性，同时，避免了同一被试内在经历多种实验条件所造成的不同实验处理之间的相互影响。从实验时间上，被试间设计采用单一自变量水平测试，相对于被试内设计用时较短，有效避免了因实验时长所造成的被试情绪波动和疲劳效应对研究结果的影响。

在实验过程中，为了尽量降低因被试间的条件差异影响实验结果的可信度，本次试验对被试进行了随机化分组。简而言之，如果排除了实验组之间自变量因素的影响，经检验后的测量结果不存在显著差异，代表被随机分配到各组中的被试测量结果是有效的，不会受到自变量之外的其他因素影响。这样就可以合理推断员工未来谏言频率是否由自变量的不同水平引起。本次试验通过比对各组被试的数量分配情况，以及各组被试除自变量之外的性别、年龄、受教育水平和工作年限的描述性统计结果，结论不存在显著的差异，实验的随机化分组是有效的。

招募被试的分组按照随机对照试验要求，采用随机分配的方法，将符合实验标准的被试分别分配到拒绝组与控制组。这种试验设计是能较好地避免选择偏倚和混杂因素的影响。

（三）程序

因本次试验招募的被试均通过线上平台参与。研究者对实验被试招募的人数提前进行控制，下限为 200 人。为了保证被试能在同一时间进入实验，我们将线上进入实验的时间定为 1 小时，如超过 1 小时，则实验通道关闭，不允许被试再进入实验。待被试招募完成后，实验准备阶段任务完成。在正式实验开始前，研究者告知所有参与实验的被试本次试验是为了调查在组织中员工参与组织活动过程中的心理和行为变化。首先，参与实验的被试会看到一段背景材料，并代入情境中，想象自己是这家企业的一名员工，企业的发展需要每个员工积极地参与，材料中的场景是日常工作中很常见的一个问题。接下来，研究者通过线上流程控制，将被试随机分配到拒绝实验组或控制实验组，并对每个实验组被试人数进行控制，实验组人数下限为 55 人。拒绝组被试会看到一个关于员工对上述背景材料中存在的问题向自己的领导提出建议和想法，并被领导严肃拒绝的过程。而控制组被试会看到一个关于员工对上述背景材料中存在的问题向自己的领导提出建议和想法，但并没有被领导明确拒绝或接受的过程。在实验阶段完成之后，两组被试分别填写在实验过程中感知的被拒绝水平和人口统计学变量的测量。在问卷中，研究者加入了 2 项与研究主题无关但与背景材料密切相关的题目，研究者希望通过这样的解释和操作来掩盖实验的真实目的。在完成第一次数据收集一周后进行第二次数据收集，第二次数据收集的对象为参与完成第一次数据收集的被试。在实验过程中，要求两组被试回忆并代入情境后，根据自己的意愿填写对同事欺凌、职场焦虑的问卷。第三次数据收集距离第二次数据收集同样也是间隔一周的时间，第三次数据收集的对象为参与完成第二次数据收集的被试。在实验过程中，要求两组被试回忆并代入情境后，根据自己的意愿填写未来谏言频率问卷。问卷填写阶段完成后，整个实验结束。

（四）测量

1. 领导拒谏水平

被试填写的问卷中包括四类问题，为了避免被试在实验过程中察觉实验的目的和所研究的主题，影响被试的判断和实验结果，特别设置第2、第3题来掩盖研究者关注的实验主题，测试结果不计入后期的实验数据统计中，本次试验采用程度测试法，对被试在场景中感知到的被领导拒绝的水平进行了测试，程度分为 1～7 等级，1 代表极不可被拒绝，7 代表极可能被拒绝，分值在 4 以下代表没有感受到被领导拒绝，分值在 4 以上代表感受到被领导拒绝，且分值越高感知被拒绝的程度越高。

2. 职场焦虑

本次试验采用职场焦虑的测量量表（McCarthy & Goffin，2004）来测量被试在实验任务后领导的拒绝行为对员工职场焦虑情绪的影响。在以往研究中，该量表具有良好的信效度。该量表询问的是"在领导拒谏之后，你觉得自己在接下来的工作中作出如下反应的可能性有多大"。1～7 表示从"非常不同意"到"非常同意"的程度。典型的题目诸如"我经常会担心自己工作表现不佳"以及"我担心会无法得到领导积极的工作绩效评价"。本次试验，该量表的 *Cronbach's α* 值为 0.86。

3. 同事欺凌

本次试验采用同事欺凌的测量量表（Einarsen et al.，2018）来测量被试在实验任务后领导的拒绝行为对同事欺凌行为的影响。在以往研究中，该量表具有良好的信效度。该量表询问的是"请回忆上述情境，当同事了解你向领导提出建议被拒绝后，你觉得你的同事在日常工作中作出如下行为的可能性有多大"。1～7 表示从"非常不同意"到"非常同意"的程度。典型的题目诸如"有的同事会搬弄是非，制造或散播有关你的谣言"以及"有的同事会过度监管我的工作情况"。本次试验中，该量表的 *Cronbach's α* 值为 0.92。

4. 未来谏言频率

本次试验采用未来谏言频率的测量量表（Van Dyne & LePine，1998）来测量被试在实验任务后领导的拒绝行为对员工未来谏言频率的影响。在以往研究中，该量表具有良好的信效度。该量表询问的是"在领导拒谏之后，你认为以下行为发生的可能性有多大"。1~7 表示从"非常不同意"到"非常同意"的程度。典型的题目诸如"我会继续发现影响企业发展的问题并对此提出建议"以及"对于影响企业工作生活质量的问题，我会提出自己的建议"。本次试验中，该量表的 *Cronbach's* α 值为 0.91。

5. 控制变量

以往研究发现，员工的人口统计学特征（如年龄、受教育程度、岗位年限等）会影响员工谏言行为（段锦云等，2007；段锦云等，2016）。因此，在探讨同事欺凌与职场焦虑对领导拒谏与员工未来谏言频率的影响关系时，本次试验将被试的性别、年龄、受教育程度、工作年限作为控制变量。

（五）数据处理

本次试验对实验数据进行了方差分析和 t 检验，并运用 SPSS 宏程序 Process 进行偏差校正的百分位 Bootstrap 法，重复抽样 5000 次，计算 95% 的置信区间，检验研究的中介效应：领导拒谏→同事欺凌→职场焦虑→谏言频率。

（六）结论

1. 相关性分析

由表 5-10 可知，同事欺凌与员工职场焦虑呈显著的正相关，员工职场焦虑情绪与未来谏言频率呈显著的负相关，这样的结果为之后检验领导拒谏→同事欺凌→职场焦虑→未来谏言频率的链式中介模型奠定了基础。

表 5 – 10　　　　　　　　　　　　相关分析矩阵

变量	M	SD	1	2
同事欺凌	3.88	1.55		
职场焦虑	3.70	1.48	0.37**	
未来谏言频率	4.25	1.63	– 0.44**	– 0.56**

注：** $p < 0.01$。

2. 操纵有效性检验

本次试验对实验数据进行 t 检验，结果表明，拒绝组被试（$M = 5.27$，$SD = 1.50$）的被拒绝水平显著高于控制组被试（$M = 3.40$，$SD = 1.65$），$t = 6.77$，$p < 0.001$，$Cohen's\ d = 1.19$。由此可知，本次试验中拒绝水平的操纵发挥了预期的效果（见图 5 – 9）。

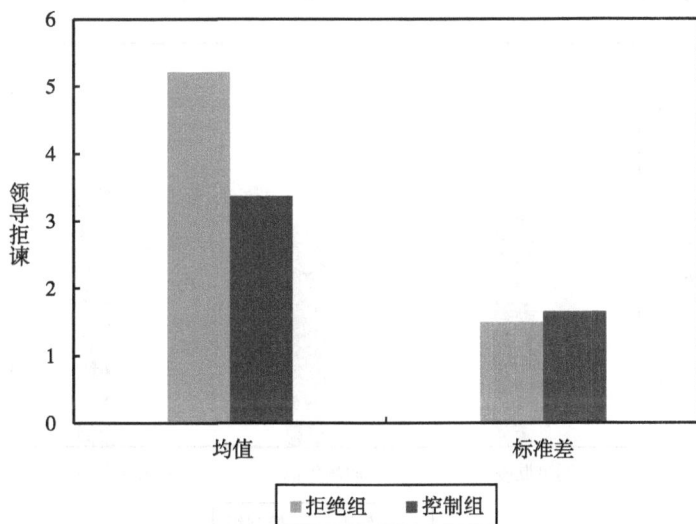

图 5 – 9　领导拒谏水平差异

3. 主效应检验

本次试验对拒绝组、控制组实验数据进行单因素协方差分析，结果表明，操纵拒绝水平对于被试的同事欺凌产生了影响，$F(6,124) = 4.52$，$p < 0.001$，$\eta^2 = 0.18$。事后比较显示，拒绝组被试（$M = 4.28$，$SD = 1.50$）的同事欺凌水平显著高于与控制组被试（$M = 3.47$，$SD = 1.51$），

$t = 3.09$，$p < 0.01$，Cohen's $d = 0.54$。

操纵拒绝水平影响了被试的员工职场焦虑，$F(6,124) = 3.53$，$p < 0.01$，$\eta^2 = 0.14$。事后比较显示，拒绝组被试（$M = 4.03$，$SD = 1.47$）的员工职场焦虑情绪水平显著高于控制组被试（$M = 3.36$，$SD = 1.42$），$t = 3.16$，$p < 0.05$，Cohen's $d = 0.58$。

操纵拒绝水平同样影响了被试的未来谏言频率，$F(6,124) = 11.62$，$p < 0.001$，$\eta^2 = 0.36$。事后比较显示，拒绝组被试（$M = 3.68$，$SD = 1.58$）的未来谏言频率水平显著低于控制组被试（$M = 4.83$，$SD = 1.48$），$t = -4.29$，$p < 0.001$，Cohen's $d = -0.75$。

由此可知，操纵拒绝水平会造成同事欺凌水平的变化，加剧被试的员工职场焦虑情绪，并对员工未来谏言频率产生消极影响（见图 5 - 10）。

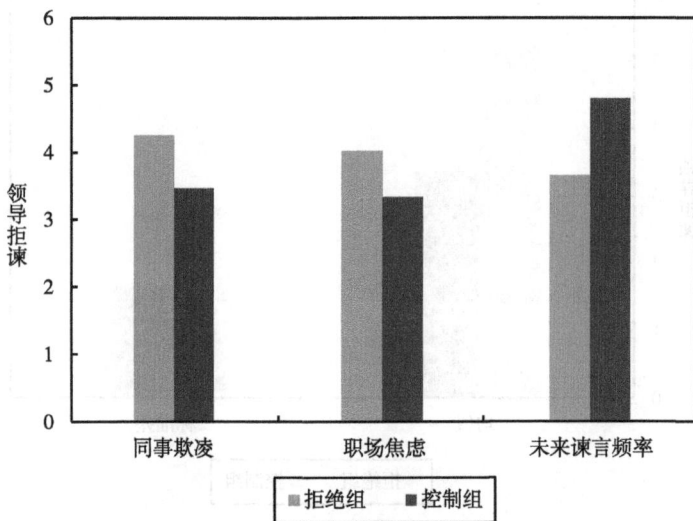

图 5 - 10　主效应差异

4. 中介效应检验

领导拒谏→同事欺凌→职场焦虑→员工未来谏言频率的链式中介模型，本次试验采用 SPSS 软件进行检验。

实验结果显示，领导拒谏→同事欺凌→职场焦虑→未来谏言频率的链式中介模型显著，$R^2 = 0.51$，$F(3,127) = 44.13$，$p < 0.001$。拒绝水平

影响频率的总效应显著，$B = -0.50$，$SE = 0.06$，$t = -7.85$，$p < 0.001$，$95\% \ CI = [-0.63, -0.38]$。当模型中加入两个中介变量——同事欺凌与职场焦虑后，拒绝水平对未来谏言频率影响的直接效应同样显著，$B = -0.35$，$SE = 0.061$，$95\% \ CI = [-0.47, -0.23]$。

在检验链式中介效应时，先检验了同事欺凌与职场焦虑的简单中介效应，再检验两者的链式中介效应。结果发现，同事欺凌的简单中介效应不显著，$B = -0.04$，$SE = 0.03$，$95\% \ CI = [-0.12, 0.01]$；职场焦虑的简单中介效应不显著，$B = -0.05$，$SE = 0.03$，$95\% \ CI = [-0.12, 0.01]$。而同事欺凌与职场焦虑的链式中介效应显著，$B = -0.15$，$SE = 0.04$，$95\% \ CI = [-0.24, -0.06]$。数据分析说明，领导拒谏影响同事欺凌，同事欺凌接着影响职场焦虑，而职场焦虑最终影响员工未来谏言频率，如图 5-11 所示。

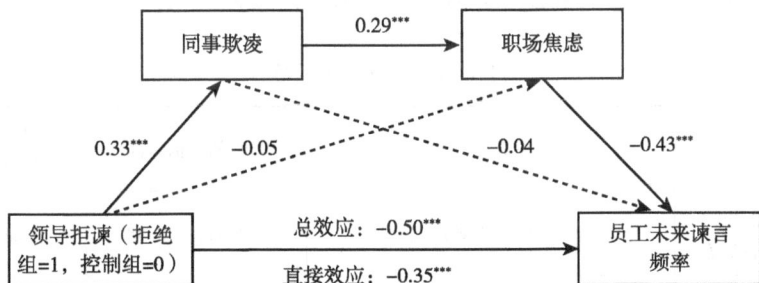

图 5-11 链式中介模型

注：$*p < 0.05$，$***p < 0.001$。

为了进一步说明领导拒谏是否一定依次通过同事欺凌和职场焦虑来影响未来谏言频率，本次试验对调整了中介变量位置后的链式中介模型进行检验：领导拒谏→职场焦虑→同事欺凌→未来谏言频率的链式中介模型 II。结果表明，链式中介模型显著，$R^2 = 0.32$，$F(1,129) = 61.73$，$p < 0.001$。拒绝水平影响未来谏言频率的总效应显著，$B = -0.50$，$SE = 0.06$，$t = -7.85$，$p < 0.001$，$95\% \ CI = [-0.63, -0.38]$。当模型中加入两个中介变量——员工职场焦虑与同事欺凌后，拒绝水平对未来谏言频

率影响的直接效应同样显著，$B = -0.35$，$SE = 0.06$，95% $CI = [-0.47,$ $-0.23]$。

在检验链式中介效应时，先检验职场焦虑与同事欺凌的简单中介效应，再检验两者的链式中介效应。结果发现，职场焦虑的简单中介效应显著，$B = -0.10$，$SE = 0.03$，95% $CI = [-0.17, -0.03]$；同事欺凌的简单中介效应不显著，$B = -0.03$，$SE = 0.02$，95% $CI = [-0.10,$ $0.01]$。而职场焦虑与同事欺凌连续的中介效应并不显著，$B = -0.01$，$SE = 0.01$，95% $CI = [-0.03, 0.01]$。数据分析结果说明，当两个中介变量的顺序发生变化时，领导拒谏首先影响职场焦虑，职场焦虑与同事欺凌关系不成立，而同事欺凌对未来谏言频率的影响不成立。

按照 Hayes 确定的两个变量间接效应之间的区别是否显著需要检验其置信区间是否包括 0 的要求，研究者通过 Bootstrap 检验了不同路径下同事欺凌和职场焦虑的链式中介效应，具体结果如表 5-11 所示。

表5-11　　　　　　　　　中介效应检验结果汇总

中介效应	中介路径	95%的置信区间	是否显著
总的中介效应	总的中介效应	$[-0.63, -0.38]$	显著
特定中介效应	领导拒谏→同事欺凌→谏言频率	$[-0.12, 0.01]$	不显著
	领导拒谏→职场焦虑→谏言频率	$[-0.12, 0.01]$	不显著
	领导拒谏→同事欺凌→职场焦虑→谏言频率	$[-0.09, -0.01]$	显著
对比中介效应Ⅱ	领导拒谏→职场焦虑→谏言频率	$[-0.17, -0.03]$	显著
	领导拒谏→同事欺凌→谏言频率	$[-0.10, 0.01]$	不显著
	领导拒谏→职场焦虑→同事欺凌→谏言频率	$[-0.03, 0.01]$	不显著

（七）结论

本部分逐步探讨了领导拒谏与同事欺凌、员工职场焦虑之间的关系，并且检验了在领导拒谏影响员工未来谏言频率的过程中两者的中介效应。领导拒谏先通过同事欺凌再通过员工职场焦虑情绪来对员工未来谏言频率产生影响。具体来说，领导拒谏对同事欺凌具有正向预测作用，同事欺凌对员工职场焦虑情绪具有正向预测作用，而员工职场焦虑对员工未来谏言频率具有负向预测作用。

首先，本次试验结论为领导拒谏先影响同事对谏言者的评价，再影响谏言者情绪，最终影响谏言者的未来谏言频率提供直接的证据。当前对领导拒谏的研究还不丰富，虽有研究从纳谏的角度对拒谏的前因或结果进行了一定的讨论，但没有将拒谏作为一个独立的研究对象来进行探讨，仅仅将拒谏作为没有纳谏进行研究，无法充分地解释其影响机制。本次试验将领导拒谏视为一种工作场所的拒绝行为，认为其从理论内涵上体现出社会排斥、拒绝的特征，并基于社会排斥的需要—威胁时间模型构建了关于领导拒谏影响员工未来谏言的理论模型。探讨了拒谏作为一种拒绝事件引发作为旁观者的同事的职场欺凌行为，同时，进一步论证了来自领导拒绝和同事欺凌的双重压力，对员工焦虑情绪的诱发和影响作用。通过同事欺凌和职场焦虑情绪进一步证实了领导拒谏对员工未来谏言频率的影响机制，并通过调整两个中介的先后顺序，论证了这两个中介产生影响效应的不可逆性，为领导拒谏影响员工谏言行为的研究提供了新视角和理论基础。

其次，本次试验从情绪的角度找到了领导拒谏影响员工未来谏言频率的解释。基于情绪事件理论的"事件—情绪—行为"模型，领导拒谏可以产生"情感事件"，塑造个体的情绪体验，进而影响个体的工作行为。在整体理论框架的构建上，研究者以社会排斥的需要—威胁时间模型为基础，但时间模型中情绪对行为会造成积极或消极的两方面影响，所以在本次试验中需要引入另一个理论来佐证，在此路径中，领导拒谏作为情感事件通过员工职场焦虑情绪会如何影响员工未来的行为即员工未来谏言的频率。

再其次，本次试验通过纵向研究为领导拒谏→同事欺凌→员工职场焦虑→员工未来谏言频率的链式中介模型提供了更有力的因果性证据。

最后，本次试验结果的最大价值在于从谏言接受者到谏言旁观者再到谏言者本身，将三方在一个完整框架中进行讨论，并从情绪的角度找到了两个变量——同事欺凌与职场焦虑——来解释领导拒谏导致未来谏言频率降低的过程。一方面，以往的研究大多探讨了领导、同事、员工两两之间的关系，缺少对三方的整体讨论。另一方面，先前的研究缺少将领导拒谏作为研究的核心，深入探讨领导拒谏对员工谏言行为的影响机制。

在未来的研究中，可以从情绪的积极影响的视角来进行探讨，也可以进一步讨论领导拒谏影响谏言行为积极和消极的"双刃剑"效应。在之后的研究中，笔者将进一步探讨情境因素和个人因素的调节作用。

第四节　本章小结

本章共包含四个实验，基于领导拒谏对员工未来谏言频率的负向影响的研究结果，进一步探讨领导拒谏与员工未来谏言频率之间的中介变量。

本章的主要目的是通过实验逐步检验同事欺凌与职场焦虑在领导拒谏影响员工未来谏言频率过程中的链式中介效应。实验探讨了员工的职场焦虑情绪在领导拒谏影响员工未来谏言频率过程中的中介作用，以及同事欺凌在领导拒谏对职场焦虑情绪影响过程中的中介作用。实验考察同事欺凌与员工职场焦虑情绪，探讨它们在领导拒谏影响员工未来谏言频率过程中的链式中介效应，并通过调整中介变量的先后顺序，论证了这两个中介在领导拒谏影响员工未来谏言频率过程中中介效应的不可逆性。

第六章

领导拒谏与员工谏言关系
探讨的研究价值

第一节　总体研究结论

本书关注领导拒谏对员工未来谏言频率的影响及作用机制，并基于需要—威胁时间模型构建了理论框架。预实验作为实验研究的基础，通过实验操纵，验证了领导拒谏会降低员工未来谏言频率。通过控制实验和量表测量相结合，验证了员工职场焦虑在领导拒谏影响员工未来谏言频率过程中的中介作用，同事欺凌在领导拒谏影响职场焦虑过程中的中介作用，以及领导拒谏通过同事欺凌和职场焦虑影响员工未来谏言频率的链式中介效应。本书的具体研究结论如下。

第一，本书从拒绝的视角来理解领导拒谏，并提出了领导拒谏的概念内涵。在以往研究中关于领导拒谏的概念，一方面是基于研究的理论视角，从行动者动机理论定义拒谏（韩翼和肖素芳，2020）。另一些学者从谏言的内容方面来探讨领导拒谏行为（张璇等，2017；Fast et al.，2014；Chen，2019；He et al.，2020）。还有学者将领导拒谏作为领导者对员工谏言的一种负面反馈（Kim，2018）。但并没有研究从拒绝这一关键行为本身及其相关联的谏言发出者和接受者出发对领导拒谏进行概念的归纳，以至于部分学者认为拒谏就是纳谏的反面，或是认为拒谏就是没有纳谏。但实际上，本书认为拒谏并不能等同于没有纳谏，因为两者的涵盖范围和影响机制都是不同的，将拒谏作为独立的研究是十分必要的。因此，本书从拒绝的角度出发，基于社会排斥、拒绝的概念，认为领导拒谏是一种工作场所的排斥、拒绝事件，是指领导者无解释地拒绝谏言，造成员工情绪变化、个人需要受阻，从而导致员工可能的行为改变。

第二，本书通过实验操控验证了领导拒谏会降低员工未来的谏言频率。学界关于领导拒谏对员工谏言行为的影响存在较为矛盾的结论，一部分学者从领导拒谏的动机出发，认为领导拒谏会对谏言进行建设性评估和威胁性评估，并出于保障领导权威等意图而拒绝员工谏言，类似的行为会对员工未来行为造成消极影响（Jung，2014；Whiting et al.，2012，陈芳丽，2016；严瑜和何亚男，2016）；另一部分学者则认为领导拒谏会被谏言发出者视为一种反馈方式，从而带来积极的影响（Piezunka，2018；Kim，2018）。本书认为领导拒谏本身就是一种拒绝的行为，虽然在一些因素的影响下可能会导致积极的后果，但本书通过实验对拒绝进行了操控，结果表明单纯的领导拒绝员工建议和想法的行为会导致员工未来谏言频率的降低。这一研究结果与大部分学者的研究相同，说明在不受外部环境或个人因素的影响下，领导拒谏的行为是会导致员工持续谏言的意愿降低，突出表现为未来谏言频率的减少。

第三，本书验证了同事欺凌和职场焦虑在领导拒谏与员工未来谏言频率之间具有链式中介的效应。职场焦虑（workplace anxiety）是指以紧张、不安和恐惧症状的形式对压力源做出的反应（Jex，1998），被定义为对与工作相关的表现感到紧张、不安（McCarthy，Trougakos & Cheng，2016）。领导拒谏事件会作为一种压力源导致员工的职场焦虑情绪增加，当员工处于焦虑状态，对未来行为的判断会表现出更多的紧张和不安，从而害怕再次采取这种增加威胁感的谏言行为。研究结果表明，员工职场焦虑在领导拒谏影响员工未来谏言频率的过程中起到了部分中介作用，员工的职场焦虑会降低未来谏言频率。根据职场焦虑相关研究者的发现，个人因素（Rislcindetal，2010）、同事间的竞争（Dormaim & Zapf，2002）也会扩大或缩小职场焦虑带来的影响。工作场所欺凌是任何组织中一个或多个人在很长一段时间内认为自己处于一个或多个人的消极对待的接收端，在这种情况下，处于消极对待中的个体很难对这种消极对待进行抵御或反抗，包括来自同事、上级、下属的欺凌行为。而来自同事的欺凌会导致创造力降低（Mathisen，Einarsen & Mykletun，2008）、流失率增加（Berthelsen，Skogstad & Lau，2014；Einarsen，2011；Glambek，Skogstad & Einarsen，2015）和工作投入的减少（Rodríguez-Muñoz et al.，2009）。因此，在领导拒谏的事件中，不能忽视来自同事对员工情绪和行为的影响。本书研究发现，同事欺凌在领导拒谏影响员工职场焦虑过程中起到了部分中介作用，同事欺凌会增加员工的职场焦虑。在上述两个简单中介的基础上，本书认为领导拒谏可能会先影响同事欺凌再影响员工职场焦虑情绪，最终对员工的未来谏言频率造成影响。因此，对这一可能的链式中介效应进行了检验，研究结果表明领导拒谏对同事欺凌具有正向预测作用，同事欺凌对员工职场焦虑情绪具有正向预测作用，而员工职场焦虑对员工未来谏言频率具有负向预测作用，并通过调整两个中介的先后顺序，论证了这两个中介产生影响效应的不可逆性。

第二节　理论意义

本书将领导拒谏视为一种工作场所的拒绝行为，从社会排斥的研究视角出发，基于需要—威胁时间模型构建了领导拒谏影响员工未来谏言频率的理论框架。并采用实验方法验证了领导拒谏对员工未来谏言频率的影响机制。主要理论贡献如下。

第一，对领导拒谏的概念内涵进行了界定。本书从拒绝的角度来理解领导拒谏的概念，融合并延伸了以往关于领导拒谏概念的相关研究。概念界定是研究的出发点，现有关于领导拒谏的概念多是基于某一理论视角或是从领导谏言反应或谏言内容出发来进行界定的（韩翼和肖素芳，2020；张璇等，2017；Chen，2019；He et al.，2020）。有部分学者也试图从领导拒谏策略的视角，将领导拒谏作为领导者对员工谏言的一种负面反馈（Kim，2018）或以领导者行为目的为出发点探讨领导拒谏（韩翼和刘庚，2021）。但现有的概念并未从拒绝这一关键行为本身及其相关联的谏言发出者和接受者角度来对领导拒谏的概念进行归纳。本书从拒绝的角度出发，将领导拒谏界定为一种工作场所的排斥、拒绝事件，是指领导者无解释的拒绝谏言行为导致员工可能的行为改变。因此，本书从拒绝视角，进一步厘清了领导拒谏的概念，拓展了对领导拒谏的认识和理解。

第二，拓展了需要—威胁时间模型的适用范围。本书基于需要—威胁时间模型，从员工视角出发，探讨领导拒谏对员工谏言这一主动性行为的影响，拓展了理论模型的适用范围。学术界关于领导拒谏的探讨尚处于探索阶段，尽管已有文献考察了拒谏策略和拒谏原因，但往往将拒谏等同于负面反馈或领导负面谏言反应（韩翼和刘庚，2021；韩翼和肖素芳，2020；Kim，2018）。当前，关于领导谏言反应及其结果的研究通常是从社会功能失调角度考虑员工对领导负面反馈的消极影响，如员工报复组织、犬儒主义、离开组织等。始终将谏言看作是对领导的一种威胁（Cupach & Carson，2002），因此诱发领导拒谏，并最终导致员工未来不敢谏言，甚至可能会离开组织。现有文献也更倾向于对围绕谏言者和领导纳谏展开研究，而现实情况却是领导拒谏更为频繁地发生

（Bonaccio & Dalal，2006）。学者们对员工谏言被拒绝后，员工是继续保持与领导互动，还是保持沉默，甚至加速员工离职的研究还存在较大的理论空白。也较少有研究关注到员工被拒绝后行为产生的过程，而更多关注行为的结果，本书认为员工行为的产生过程是解决研究问题的核心。本书基于需要—威胁时间模型，构建了员工建议或想法在被领导拒绝后对其未来行为影响的理论模型，进一步探讨了领导拒谏作为一种独立的拒绝事件对员工未来谏言频率的影响机制及理论边界，为后续研究更系统地探讨领导拒谏造成的员工行为结果具有一定的理论贡献，并丰富了需要—威胁时间模型的适用范围，也为后续研究开拓了新的理论视角。

第三，丰富了谏言的研究成果。本书从领导、员工及同事三个方面，探讨了领导拒谏对员工未来谏言行为的影响机制，丰富了关于谏言行为的研究。回顾现有文献，多数研究考察了谏言员工个人因素（如谏言效能感、心理安全感、人格特质等）对员工谏言行为的影响（段锦云和张倩，2012；Fast et al.，2014）；以及领导成员关系、同事帮助、职场排斥等人际互动方面对员工谏言行为的影响（Piezunka & Dahlander，2019）；还有领导个人因素方面对员工谏言行为的影响，如领导风格（Liu，Zhu & Yang，2010；梁建，2014）和领导行为（Kim，2018；随杨、张悦和陈琴，2019）等。事实上，组织环境是较为复杂的，作为组织中构成要素的领导、同事及员工之间的人际关系就更为复杂。现有研究更多地倾向于在领导与员工、同事与员工的二元关系中探讨拒谏对员工未来谏言行为影响，但本书研究认为，在领导拒谏事件对员工未来行为的影响过程中，领导、同事与谏言的员工之间构成了一个完整的人际关系链条，即员工的行为不仅受到来自领导的影响，同时还会受到同事的影响，而同事的行为又可能受到领导行为的影响，三者之间的影响作用机制是不能割裂的。本书构建了基于领导—同事—谏言员工三方的行为反应研究框架，从三方行为的交互作用对拒谏影响进行论证，揭示了同事欺凌和员工职场焦虑在领导拒谏影响员工未来谏言频率过程中的链式中介作用，帮助研究者更为深入地理解领导拒谏对员工谏言行为的影响作用机制，丰富了谏言的相关研究结果。

第四，拓展了谏言反应的研究范围。从组织谏言氛围的外在因素影响、动机归因和感知需要威胁的内在因素影响三个方面揭示了领导拒谏影响员工未来谏言频率过程中的边界条件，进一步深化了对领导拒谏影响机制的理解。归因理论解释了信息如何被用来得出因果解释，并引发具有差异性的行为决策（Weiner，2006）。人们会对他人的行为做出怎样的反应，取决于对行为原因的认知（Rioux & Penner，2001）。当领导拒绝了员工的建议，员工感知自己的基本需要受到威胁，需要得不到满足，首先会采取行动，以强化需要为目的，采取更为积极的行为以期望最终得到认可，并实现自己的需要。在领导拒谏后，员工感知到自己的基本需求被严重威胁，有可能采取积极的行动，如改进谏言质量或提高谏言频率来弥补。因此，本书从外在环境和内在因素层面考察了领导拒谏引发员工未来谏言频率的权变机制，进一步深化了对领导拒谏影响作用的理解，拓展了员工未来谏言行为反应的相关研究。

第五，丰富了领导拒谏的研究成果，打开了领导拒谏影响员工未来谏言频率的"黑箱"。以往研究大多关注"领导纳谏—员工谏言"，着重探究影响领导纳谏的因素及员工谏言的内容和价值（Morrison & 2011；Burris，Rockmann & Kimmons，2017），以及促进或阻碍员工谏言行为的影响因素（Chamberlin，Newton & LePine，2017）。且以往文献所揭示的影响员工谏言的领导因素大多是领导风格（如变革型领导、真实型领导、道德领导、参与型领导）、领导特质（如管理开放性、领导自我效能感）、领导情绪和领导纳谏，却几乎没有考察领导拒谏对员工未来谏言行为的影响。回顾以往文献可以发现现有研究更倾向于将拒谏等同于领导不采纳建议，本书认为不采纳和拒绝在程度和影响上存在差异，领导拒谏应作为独立的研究对象。本书从社会排斥、拒绝的视角出发，在对领导拒谏概念界定的基础上，基于需要—威胁时间模型构建了以领导、同事和谏言员工三方行为互动的影响路径，并运用实验方法对模型中变量间的因果关系进行了检验，并进一步厘清了领导拒谏影响员工未来谏言行为的理论边界，打开了领导拒谏影响员工未来谏言频率的"黑箱"，丰富了领导拒谏的研究成果。

第三节　实践启示

本书主要考察了领导拒谏对员工未来谏言频率的影响机制。通过理论推导、数据分析和实验验证得出了一系列具有价值的研究结论，并希望以理论推动实践的发展和完善，为企业实际的管理工作提供一定的启示。

第一，帮助企业了解员工的行为动机，采取措施预防核心人力资源的流失。中国历史上，因领导者拒谏造成严重后果的例子不胜枚举。在现代管理实践中，我们仍然发现善于采纳员工谏言的组织往往能够提升决策的质量，带来事业的繁荣。积极谏言的员工具有较高的忠诚度，是影响组织未来发展的核心员工。但考虑种种现实因素，企业的管理者难以避免地需要拒绝大量的员工建议和想法，而因为拒绝行为本身就会带来诸多消极影响，打击了员工的积极性，导致员工因害怕被拒绝而减少谏言或不再谏言。这种情况是与组织鼓励员工谏言的初衷相违背的，因此，探究领导拒谏对员工未来谏言行为的影响，会让组织更加重视员工谏言，并通过提升需求回应来保持员工再次谏言的积极性，防止人员的流失。

第二，营造良好的谏言氛围，降低因领导拒谏造成员工不再谏言。人们表现出亲社会行为是受到他们所处的文化氛围的鼓励，同时会进一步缓和领导拒谏对员工未来谏言频率的消极影响。在积极鼓励谏言，允许不同声音存在，寻求创新发展的企业中，同事之间对谏言行为的理解会偏向谏言者是以组织改进为目的，是为组织发展建言献策，会释放更多的善意行为，如同事之间的支持，降低同事之间欺凌等恶意行为发生的可能。来自同事的支持是员工社会支持的重要来源，可以缓冲角色冲突对压力、职场焦虑的影响，因为他们可以帮助员工发泄工作中的挫折感，为员工应对角色冲突提供帮助，并指导员工发展新的应对机制。因此，企业可以通过营造良好的组织谏言氛围来降低领导拒谏对员工未来谏言行为的负面影响。当员工的谏言被拒绝时，会受到组织氛围的感染，理性地分析和判断自己被拒绝的原因，理解被拒绝不是因为受到领导的不公正对待，或组织并不愿意接受来自员工的想法，而以积极的心态来面对拒绝，并保持持续谏言的意愿。同时，还能带动更多的员工为组织的创新发展提供切实有效的建议和想法。

第三，不断完善企业谏言制度，提升员工未来再次谏言的积极性。谏言的重要性不言而喻，而研究结果也向我们证明了领导拒谏对员工未来谏言行为不可避免的负面影响，打击员工今后谏言的积极性。对领导拒谏动机的认知成为影响员工未来谏言的重要因素。在实际的工作中，领导需要处理的事务繁多，不可能对每一位员工的建议都逐一进行回复，并在回复中思考如何选择拒绝方式才能减少对员工的伤害，对领导而言，对于不合适或无法实施的建议或想法，最直接有效的方式就是拒绝，但拒绝又会伤害到谏言员工的积极性，造成员工不再谏言，给组织带来损失。这似乎成为一个恶性的循环过程，而打破这一循环的方式就是建立规范化的谏言制度。当组织将员工谏言上升为一种组织制度，就会为员工提供一种保障，而规范化的流程可以降低员工对领导拒谏行为的消极归因，因为拒绝这一结果的产生是遵从制度流程，是组织判断和决策的结果，而不会将拒谏行为上升到领导排斥或拒绝员工的层面，让被拒绝的员工依然能感受到组织的公平对待，而不是因为自己的谏言行为而遭受排斥，从而降低员工的威胁感，避免员工的消极行为，提升再次谏言的积极性。

第四，帮助领导者了解员工被拒绝后的情绪及需要变化，在有效时间内与员工沟通，建立长期互动关系。领导和员工沟通不足导致信息不对称，员工在被拒绝后，会产生如职场焦虑等消极情绪，同时感知到自己的基本需要受到威胁，而领导无法时刻关注员工的情绪及心理变化，更多时候可能因不了解而忽视员工，直到产生了如离职等消极行为而导致组织利益遭受损失时，领导再去挽留或安抚，为时已晚。本书的研究结果证实了焦虑情绪对员工行为的影响，让管理者了解员工的情绪及心理变化影响行为的过程，如果员工这种焦虑情绪和需要威胁在短期内可以通过谏言氛围、自我认知判断或需要强化得到改善，则会降低因拒谏造成的消极影响，但如果员工长期无法通过自我调节改善焦虑情绪，产生情绪麻木，或因长期无法通过自身努力弥补受到威胁的基本需要而一蹶不振的情况下，更需要领导在拒谏后积极与员工沟通，建立良好的互动关系，使拒谏成为打开沟通之门的钥匙，而不是阻隔沟通的锁。

第五，注重拒谏语言的表达方式，避免员工被拒绝后激烈的情绪变化。我国古代谏言方式可以说非常之丰富，可谓做到了因时因事因人而皆不同，对当前管理者如何拒绝员工谏言也具有一定的借鉴意义。因时间有限性或谏言可行性等问题，当组织的管理者面对大量的员工谏言时，大多数的谏言不会被采纳，而管理者为了提高效率会选择拒绝谏言。本书的研究结果发现，拒绝方式的不同会对员工未来谏言行为造成不同程度的影响。领导在表达拒绝时，如果采用直接的拒绝语言如"你的建议不能接受"等就会直接刺激员工，产生情绪的急剧变化，造成消极情绪的增加；但如果同样的意思却使用委婉的表达如"你的建议可能还需要再讨论，暂时不能执行"等，则既能表达不能接受谏言的结果，又能通过语言的选择而降低对员工的打击，减少对员工在后续谏言行为选择上的消极影响。

第四节　研究局限与未来展望

　　尽管本书验证了研究结论，拓展了理论研究，获得了一定的研究意义与创新，并为管理实践带来了一定的启示，但是由于人力、财力、环境和时间等多方面客观因素的影响和限制，本书仍然存在诸多的研究局限及不足之处，期望在未来的研究中能以此为契机开展更为深入的科研探索，不断丰富和完善相关研究。具体如下。

　　第一，领导拒谏概念界定的探讨不足。本书通过文献综述回顾了谏言、拒谏、纳谏和社会排斥、拒绝的概念，在此基础上提出了基于拒绝视角下的领导拒谏概念，但现有关于拒谏的研究还不丰富，对拒谏概念的探讨主要以研究主题为目标开展，文献基础较为薄弱。本书在社会排斥、拒绝的概念基础上提出了关于领导拒谏的概念，但也仅考虑了领导拒绝的动机和对员工行为的影响，没能脱离以研究目的为出发点的预先设定，适用范围有限，因此，还不能完全概括领导拒谏的深刻内涵。未来研究可以进一步扩展文献基础，总结包括创新性意见、领导反馈方式等更广泛的研究对象，从领导拒谏的目的、方式、策略和影响等方面，全面进行概括，形成涵盖范围更加广泛，适用性更强，接受度更广泛的概念。

　　第二，理论模型的挖掘不足。本书基于需要—威胁时间模型构建了领导拒谏影响员工未来谏言频率理论模型，虽然在一定程度上扩展了该模型的适用范围，但是对模型中关于员工被拒绝后会产生反射、反省和退避的三个阶段的心理行为反应随时间变化的过程没有完整的进行考察，因研究本身的关注重点在于开始的情绪反应、需要威胁和中期反省阶段的环境因素和个人认知的影响机制，对后期可能进入退避阶段所出现的行为没有进一步地展开论证，整体模型中的时间特征体现得不突出，对模型中各影响因素之间关系的挖掘还不够。未来的研究可以基于该模型的整体框架，以动态时间为研究对象，进一步地探讨随着时间的变化，领导拒谏对员工未来谏言行为的影响会发生怎样的变化，并考察变化的过程机制，不断完善和拓展理论模型的应用。

第三，研究主题的拓展不足。在领导拒谏对员工未来谏言频率的影响机制方面，尽管本书基于需要—威胁时间模型探讨了同事欺凌、职场焦虑对员工未来谏言频率的影响，但基于理论的限制，本书仅仅局限于情绪事件这一主线，探讨了领导、同事和谏言员工三者间的影响机制。在领导拒谏影响员工未来谏言行为的研究中，本书仅探讨了领导拒谏对员工未来谏言频率的影响，在未来研究中不应局限在未来谏言频率这一个方面的影响，还可以进一步探讨领导拒谏对未来谏言质量或离职意愿等的影响机制。还可以通过其他的理论视角对领导拒谏的影响进行理论构建并考察其他相关因素的影响机制，也可以按照管理层次的差异，从团队的层面进一步探讨领导拒谏影响员工未来谏言行为的机制，还可以考虑在平台管理或媒体介入的情境下，领导拒谏的影响机制等。

第四，研究方法存在一定的局限性。本书基于社会排斥及国外拒谏研究的相关研究范式，采用实验方法对模型中变量间的因果关系进行了验证，虽然实验方法通过严格的控制和操作，提高了研究结果的可信度，但也存在一定的不足，如在实验操作中难以消除被试者的反应倾向性和实验者对被试的影响，实验法对复杂模型的验证还存在一定的局限性等问题。未来的研究在选择研究方法上，在考察领导拒谏影响机制的时间性特征时，可以采用经验抽样方法，追踪被拒绝员工的情绪及心理因素影响行为变化的全过程。

第五，研究设计的严谨性有待提高。在实验设计上，本书采用的实验材料为模拟情境，并采用程度划分来进行实验操控，但研究设计的严谨性还有待提高，缺乏从不同方面对主效应稳定性的检验。在样本选择、实验操控和数据收集方面，本研究中的实验，除实验1是在线下进行实验操作，其余3个实验因条件限制，均采取线上方式进行。线上实验的方式使得样本的选择较为随机且难于控制质量，也在一定程度上影响到后期回收数据的质量。问卷调查的样本虽采用多时点、上下级配对的方式收集，但样本数量不高，样本层次与实际的管理情境及实践运用还存在一定差异。未来的研究如条件允许，尽量采取线下实验的方式，优化实验设计，严格控制流程，进一步提高数据样本的数量和质量。

附录 A 实验 1 材料及测量量表

请仔细阅读以下说明：

你是一家国际物流公司运营部门的工作人员，日常负责企业各部门监管与核心工作的协调。受疫情的影响，近一年来，公司的海外业务工作量明显降低，相对于国内业务部门工作人员高饱和度的工作状况，海外业务部门的工作人员工作饱和度明显偏低，如果这种状况长期得不到调整和改善，可能会影响员工工作投入度和企业整体绩效。

◉ 拒绝组材料

你就上述问题单独向你的部门领导提出建议，认为可以适当调整海外部门员工的工作范围，成立一个临时工作组来支援国内业务部门的部分工作。当你向领导提出了该建议后，领导神情非常严肃地对你说："你的建议我不能接受，请你回去好好工作。"

Q1 在上述场景中，当领导对你说"你的建议我不能接受"时，你认为领导是在拒绝你。（请从以下 1~7 中选择最接近的程度）

极不可能　　　　　　　　　　　极可能

○1　○2　○3　○4　○5　○6　○7

Q2 如果你是运营部门的员工，你会向领导提出建议吗？

○ 会

○ 不会

Q3 如果你是海外业务部门的员工，你会同意被调整到临时工作组吗？

○ 愿意

○ 不愿意

Q4 在领导对你说"你的建议我不能接受"之后，你认为以下行为发生的可能性有多大，请在相应的数字上打"√"。（1 = 非常不同意，2 = 基本不同意，3 = 比较不同意，4 = 不确定，5 = 比较同意，6 = 基本同意，7 = 非常同意）

序号	题项内容	您的同意程度						
1	我会继续发现影响组织发展的问题并对此提出建议	1	2	3	4	5	6	7
2	如果认为看法对企业有帮助，我会说出来	1	2	3	4	5	6	7
3	我依然会就工作程序中的新方案或改革提出自己的建议和想法	1	2	3	4	5	6	7
4	对于影响企业工作生活质量的问题，我会提出自己的建议	1	2	3	4	5	6	7

◉ 控制组材料

你就上述问题向你的部门领导提出建议，认为可以适当调整海外部门员工的工作范围，成立一个临时工作组来支援国内业务部门的部分工作。当你向领导提出了该建议后，领导笑着对你说："谢谢你的建议，让我们考虑一下，你可以先回去了。"

Q1 在上述场景中，当领导对你说："谢谢你的建议，我们会对你的建议进行研究，后期还会跟你进一步沟通"，你认为领导是在拒绝你。（请从以下 1 ~ 7 中选择最接近的程度）

极不可能　　　　　　　　　　极可能
○ 1　○ 2　○ 3　○ 4　○ 5　○ 6　○ 7

Q2 如果你是运营部门的员工，你会向领导提出建议吗？

○ 会

○ 不会

Q3 如果你是海外业务部门的员工，你会同意被调整到临时工作组吗？

○ 愿意

○ 不愿意

Q4 在领导对你说"你的建议我考虑一下"之后，你认为以下行为发生的可能性有多大，请在相应的数字上打"√"。（1 = 非常不同意，2 = 基本不同意，3 = 比较不同意，4 = 不确定，5 = 比较同意，6 = 基本同意，7 = 非常同意）

序号	题项内容	您的同意程度						
1	我会继续发现影响组织发展的问题并对此提出建议	1	2	3	4	5	6	7
2	如果认为看法对企业有帮助，我会说出来	1	2	3	4	5	6	7
3	我依然会就工作程序中的新方案或改革提出自己的建议和想法	1	2	3	4	5	6	7
4	对于影响企业工作生活质量的问题，我会提出自己的建议	1	2	3	4	5	6	7

再次感谢您的支持和配合！

附录 B 实验 2 材料及测量量表

第一部分：基本信息（仅用于统计，请您完整作答）

请根据您的个人情况填写或在适合的〇上打"√"。

Q1 你的性别：

〇 男

〇 女

Q2 你的年龄：

〇 20～30 岁

〇 31～40 岁

〇 41～50 岁

〇 50 岁以上

Q3 你的受教育程度：

〇 中专及以下

〇 大专

〇 本科

〇 研究生及以上

Q4 你的工作年限：

〇 1 年以下

〇 2～5 年

〇 5～10 年

〇 10 年以上

第二部分：实验材料及测量量表

请仔细阅读以下说明：

⊙ 拒绝组材料

你是一家国际物流公司运营部门的工作人员，日常负责企业各部门监管与核心工作的协调。受疫情的影响，近一年来，公司的海外业务工作量明显降低，相对于国内业务部门工作人员高饱和度的工作状况，海外业务部门的工作人员工作饱和度明显偏低，如果这种状况长期得不到调整和改善，可能会影响员工工作投入度和企业整体绩效。

你就上述问题单独向你的部门领导提出建议，认为可以适当调整海外部门员工的工作范围，成立一个临时工作组来支援国内业务部门的部分工作。当你向领导提出了该建议后，领导神情非常严肃地对你说："你的建议我不能接受，请你回去好好工作。"

Q1 在上述场景中，当领导对你说"你的建议我不能接受"时，你认为领导是在拒绝你。（请从以下1~7中选择最接近的程度）

极不可能　　　　　　　　　　　极可能

○1　○2　○3　○4　○5　○6　○7

Q2 如果你是运营部门的员工，你会向领导提出建议吗？

○ 会

○ 不会

Q3 如果你是海外业务部门的员工，你会同意被调整到临时工作组吗？

○ 愿意

○ 不愿意

Q4 请你回忆上述情境，当领导神情非常严肃地对你说"你的建议我不能接受"之后，你觉得自己在接下来的工作中作出如下反应的可能性有多大？请在相应的数字上打"√"。（1 = 非常不同意，2 = 基本

不同意，3 = 比较不同意，4 = 不确定，5 = 比较同意，6 = 基本同意，7 = 非常同意）

序号	题项内容	您的同意程度						
1	我经常会担心自己工作表现不佳	1	2	3	4	5	6	7
2	我担心会无法得到领导积极的工作绩效评价	1	2	3	4	5	6	7
3	即使我努力了，我仍然担心领导觉得我的工作表现不够好	1	2	3	4	5	6	7
4	我担心领导认为我的工作表现不如其他人	1	2	3	4	5	6	7

Q5 在领导对你说"你的建议我不能接受"之后，你认为以下行为发生的可能性有多大，请在相应的数字上打"√"。（1 = 非常不同意，2 = 基本不同意，3 = 比较不同意，4 = 不确定，5 = 比较同意，6 = 基本同意，7 = 非常同意）

序号	题项内容	您的同意程度						
1	我会继续发现影响组织发展的问题并对此提出建议	1	2	3	4	5	6	7
2	如果认为看法对企业有帮助，我会说出来	1	2	3	4	5	6	7
3	我依然会就工作程序中的新方案或改革提出自己的建议和想法	1	2	3	4	5	6	7
4	对于影响企业工作生活质量的问题，我会提出自己的建议	1	2	3	4	5	6	7

◉ 控制组材料

你是一家国际物流公司运营部门的工作人员，日常负责企业各部门监管与核心工作的协调。受疫情的影响，近一年来，公司的海外业务工作量明显降低，相对于国内业务部门工作人员高饱和度的工作状况，海外业务部门的工作人员工作饱和度明显偏低，如果这种状况长期得不到调整和改善，可能会影响员工工作投入度和企业整体绩效。

你就上述问题向你的部门领导提出建议，认为可以适当调整海外部门员工的工作范围，成立一个临时工作组来支援国内业务部门的部分工作。当你向领导提出了该建议后，领导笑着对你说："谢谢你的建议，让我们考虑一下，你可以先回去了。"

Q1 在上述场景中，当领导对你说："谢谢你的建议，我们会对你的建议进行研究，后期还会跟你进一步沟通"，你认为领导是在拒绝你。（请从以下1~7中选择最接近的程度）

极不可能　　　　　　　　　极可能

○1　○2　○3　○4　○5　○6　○7

Q2 如果你是运营部门的员工，你会向领导提出建议吗？

○ 会

○ 不会

Q3 如果你是海外业务部门的员工，你会同意被调整到临时工作组吗？

○ 愿意

○ 不愿意

Q4 请你回忆上述情境，当领导神情非常严肃地对你说"你的建议我考虑一下"之后，你觉得自己在接下来的工作中作出如下反应的可能性有多大？请在相应的数字上打"√"。（1＝非常不同意，2＝基本不同意，3＝比较不同意，4＝不确定，5＝比较同意，6＝基本同意，7＝非常同意）

序号	题项内容	您的同意程度						
1	我经常会担心自己工作表现不佳	1	2	3	4	5	6	7
2	我担心会无法得到领导积极的工作绩效评价	1	2	3	4	5	6	7
3	即使我努力了，我仍然担心领导觉得我的工作表现不够好	1	2	3	4	5	6	7
4	我担心领导认为我的工作表现不如其他人	1	2	3	4	5	6	7

Q5 在领导对你说"你的建议我考虑一下"之后，你认为以下行为发生的可能性有多大，请在相应的数字上打"√"。（1＝非常不同意，2＝

基本不同意，3 = 比较不同意，4 = 不确定，5 = 比较同意，6 = 基本同意，7 = 非常同意）

序号	题项内容	您的同意程度						
1	我会继续发现影响组织发展的问题并对此提出建议	1	2	3	4	5	6	7
2	如果认为看法对企业有帮助，我会说出来	1	2	3	4	5	6	7
3	我依然会就工作程序中的新方案或改革提出自己的建议和想法	1	2	3	4	5	6	7
4	对于影响企业工作生活质量的问题，我会提出自己的建议	1	2	3	4	5	6	7

再次感谢您的支持和配合！

附录 C 实验 3 材料及测量量表

第一部分：基本信息（仅用于统计，请您完整作答）

请根据您的个人情况填写或在适合的○上打"√"。

Q1 你的性别：

○ 男

○ 女

Q2 你的年龄：

○ 20～30 岁

○ 31～40 岁

○ 41～50 岁

○ 50 岁以上

Q3 你的受教育程度：

○ 中专及以下

○ 大专

○ 本科

○ 研究生及以上

Q4 你的工作年限：

○ 1 年以下

○ 2～5 年

○ 5～10 年

○ 10 年以上

第二部分：实验材料及测量量表

请仔细阅读以下说明

⊙ **拒绝组材料**

你是一家国际物流公司运营部门的工作人员，日常负责企业各部门监管与核心工作的协调。受疫情的影响，近一年来，公司的海外业务工作量明显降低，相对于国内业务部门工作人员高饱和度的工作状况，海外业务部门的工作人员工作饱和度明显偏低，如果这种状况长期得不到调整和改善，可能会影响员工工作投入度和企业整体绩效。

你就上述问题单独向你的部门领导提出建议，认为可以适当调整海外部门员工的工作范围，成立一个临时工作组来支援国内业务部门的部分工作。当你向领导提出了该建议后，领导神情非常严肃地对你说："你的建议我不能接受，请你回去好好工作。"

Q1 在上述场景中，当领导对你说"你的建议我不能接受"时，你认为领导是在拒绝你。（请从以下 1~7 中选择最接近的程度）

极不可能　　　　　　　　　极可能

○ 1　○ 2　○ 3　○ 4　○ 5　○ 6　○ 7

Q2 如果你是运营部门的员工，你会向领导提出建议吗？

○ 会

○ 不会

Q3 如果你是海外业务部门的员工，你会同意被调整到临时工作组吗？

○ 愿意

○ 不愿意

Q4 请你回忆上述情境，领导神情非常严肃地对你说"你的建议我不能接受"之后，你的同事对你的建议行为很不满，你认为你的同事在工作中会作出如下行为的可能性有多大？请在相应的数字上打"√"。（1 =

非常不同意，2＝基本不同意，3＝比较不同意，4＝不确定，5＝比较同意，6＝基本同意，7＝非常同意）

序号	题项内容	您的同意程度						
1	有的同事会搬弄是非，制造或散播有关你的谣言	1	2	3	4	5	6	7
2	有的同事当众讲一些让你难堪的玩笑	1	2	3	4	5	6	7
3	有的同事在生气或心情不好时，借故拿你出气	1	2	3	4	5	6	7
4	有的同事会过度监管我的工作情况	1	2	3	4	5	6	7
5	有的同事会迫使你放弃本该享有的权利（评优评先等）	1	2	3	4	5	6	7

Q5　请你回忆上述情境，当你向领导提出了该建议后，领导笑着对你说"你的建议我不能接受"之后，你觉得自己在接下来的工作中作出如下反应的可能性有多大？请在相应的数字上打"√"。（1＝非常不同意，2＝基本不同意，3＝比较不同意，4＝不确定，5＝比较同意，6＝基本同意，7＝非常同意）

序号	题项内容	您的同意程度						
1	我经常会担心自己工作表现不佳	1	2	3	4	5	6	7
2	我担心会无法得到领导积极的工作绩效评价	1	2	3	4	5	6	7
3	即使我努力了，我仍然担心领导觉得我的工作表现不够好	1	2	3	4	5	6	7
4	我担心领导认为我的工作表现不如其他人	1	2	3	4	5	6	7

Q6　在领导对你说"你的建议我不能接受"之后，你认为以下行为发生的可能性有多大？请在相应的数字上打"√"。（1＝非常不同意，2＝基本不同意，3＝比较不同意，4＝不确定，5＝比较同意，6＝基本同意，7＝非常同意）

序号	题项内容	您的同意程度						
1	我会继续发现影响组织发展的问题并对此提出建议	1	2	3	4	5	6	7
2	如果认为看法对企业有帮助，我会说出来	1	2	3	4	5	6	7
3	我依然会就工作程序中的新方案或改革提出自己的建议和想法	1	2	3	4	5	6	7
4	对于影响企业工作质量的问题，我会提出自己的建议	1	2	3	4	5	6	7

⊙ 控制组材料

你是一家国际物流公司运营部门的工作人员，日常负责企业各部门监管与核心工作的协调。受疫情的影响，近一年来，公司的海外业务工作量明显降低，相对于国内业务部门工作人员高饱和度的工作状况，海外业务部门的工作人员工作饱和度明显偏低，如果这种状况长期得不到调整和改善，可能会影响员工工作投入度和企业整体绩效。

你就上述问题向你的部门领导提出建议，认为可以适当调整海外部门员工的工作范围，成立一个临时工作组来支援国内业务部门的部分工作。当你向领导提出了该建议后，领导笑着对你说："谢谢你的建议，让我们考虑一下，你可以先回去了。"

Q1 在上述场景中，当领导对你说："谢谢你的建议，我们会对你的建议进行研究，后期还会跟你进一步沟通"，你认为领导是在拒绝你。（请从以下1~7中选择最接近的程度）

极不可能　　　　　　　　　　极可能
○1　○2　○3　○4　○5　○6　○7

Q2 如果你是运营部门的员工，你会向领导提出建议吗？

○ 会

○ 不会

Q3 如果你是海外业务部门的员工，你会同意被调整到临时工作组吗？

○ 愿意

○ 不愿意

Q4 请你回忆上述情境，当你向领导提出了该建议后，领导笑着对你说"谢谢你的建议，我们会对你的建议进行研究，后期还会跟你进一步沟通"后，你觉得你的同事在日常工作中作出如下行为的可能性有多大？请在相应的数字上打"√"。（1＝非常不同意，2＝基本不同意，3＝比较不同意，4＝不确定，5＝比较同意，6＝基本同意，7＝非常同意）

序号	题项内容	您的同意程度						
1	有的同事会搬弄是非，制造或散播有关你的谣言	1	2	3	4	5	6	7
2	有的同事当众讲一些让你难堪的玩笑	1	2	3	4	5	6	7
3	有的同事在生气或心情不好时，借故拿你出气	1	2	3	4	5	6	7
4	有的同事会过度监管我的工作情况	1	2	3	4	5	6	7
5	有的同事会迫使你放弃本该享有的权利（如评优、评先等）	1	2	3	4	5	6	7

Q5 请你回忆上述情境，当你向领导提出了该建议后，领导笑着对你说"谢谢你的建议，我们会对你的建议进行研究，后期还会跟你进一步沟通，你可以先回去了"之后，你觉得自己在接下来的工作中作出如下反应的可能性有多大？请在相应的数字上打"√"。（1＝非常不同意，2＝基本不同意，3＝比较不同意，4＝不确定，5＝比较同意，6＝基本同意，7＝非常同意）

序号	题项内容	您的同意程度						
1	我经常会担心自己工作表现不佳	1	2	3	4	5	6	7
2	我担心会无法得到领导积极的工作绩效评价	1	2	3	4	5	6	7
3	即使我努力了，我仍然担心领导觉得我的工作表现不够好	1	2	3	4	5	6	7
4	我担心领导认为我的工作表现不如其他人	1	2	3	4	5	6	7

Q6 请回忆上述情境，在领导对你说"谢谢你的建议，我们会对你的建议进行研究，后期还会跟你进一步沟通"之后，你认为以下行为发生的可能性有多大？请在相应的数字上打"√"。（1＝非常不同意，2＝基

本不同意，3 = 比较不同意，4 = 不确定，5 = 比较同意，6 = 基本同意，7 = 非常同意）

序号	题项内容	您的同意程度						
1	我会继续发现影响组织发展的问题并对此提出建议	1	2	3	4	5	6	7
2	如果认为看法对企业有帮助，我会说出来	1	2	3	4	5	6	7
3	我依然会就工作程序中的新方案或改革提出自己的建议和想法	1	2	3	4	5	6	7
4	对于影响企业工作生活质量的问题，我会提出自己的建议	1	2	3	4	5	6	7

再次感谢您的支持和配合！

附录 D　实验 4 材料及测量量表

第一部分：基本信息（仅用于统计，请您完整作答）

请根据您的个人情况填写或在适合的○上打"√"。

Q1 你的性别：

○ 男

○ 女

Q2 你的年龄：

○ 20~30 岁

○ 31~40 岁

○ 41~50 岁

○ 50 岁以上

Q3 你的受教育程度：

○ 中专及以下

○ 大专

○ 本科

○ 研究生及以上

Q4 你的工作年限：

○ 1 年以下

○ 2~5 年

○ 5~10 年

○ 10 年以上

第二部分：实验材料及测量量表

请仔细阅读以下说明

◉ 拒绝组材料

你是一家国际物流公司运营部门的工作人员，日常负责企业各部门监管与核心工作的协调。受疫情的影响，近一年来，公司的海外业务工作量明显降低，相对于国内业务部门工作人员高饱和度的工作状况，海外业务部门的工作人员工作饱和度明显偏低，如果这种状况长期得不到调整和改善，可能会影响员工工作投入度和企业整体绩效。

你就上述问题单独向你的部门领导提出建议，认为可以适当调整海外部门员工的工作范围，成立一个临时工作组来支援国内业务部门的部分工作。当你向领导提出了该建议后，领导神情非常严肃地对你说："你的建议我不能接受，请你回去好好工作。"

Q1 在上述场景中，当领导对你说"你的建议我不能接受"时，你认为领导是在拒绝你。（请从以下 1~7 中选择最接近的程度）

极不可能　　　　　　　　　　极可能

○1　○2　○3　○4　○5　○6　○7

Q2 如果你是运营部门的员工，你会向领导提出建议吗？

○ 会

○ 不会

Q3 如果你是海外业务部门的员工，你会同意被调整到临时工作组吗？

○ 愿意

○ 不愿意

Q4 在领导对你说"你的建议我不能接受"之后，你认为以下行为发生的可能性有多大？请在相应的数字上打"√"。（1 = 非常不同意，2 = 基本不同意，3 = 比较不同意，4 = 不确定，5 = 比较同意，6 = 基本同意，

7＝非常同意）

序号	题项内容	您的同意程度						
1	我会继续发现影响组织发展的问题并对此提出建议	1	2	3	4	5	6	7
2	如果认为看法对企业有帮助，我会说出来	1	2	3	4	5	6	7
3	我依然会就工作程序中的新方案或改革提出自己的建议和想法	1	2	3	4	5	6	7
4	对于影响企业工作生活质量的问题，我会提出自己的建议	1	2	3	4	5	6	7

Q5 请你回忆上述情境，当领导神情非常严肃地对你说"你的建议我不能接受"之后，你觉得自己的在接下来的工作中作出如下反应的可能性有多大？请在相应的数字上打"√"。（1＝非常不同意，2＝基本不同意，3＝比较不同意，4＝不确定，5＝比较同意，6＝基本同意，7＝非常同意）

序号	题项内容	您的同意程度						
1	我经常会担心自己工作表现不佳	1	2	3	4	5	6	7
2	我担心会无法得到领导积极的工作绩效评价	1	2	3	4	5	6	7
3	即使我努力了，我仍然担心领导觉得我的工作表现不够好	1	2	3	4	5	6	7
4	我担心领导认为我的工作表现不如他人	1	2	3	4	5	6	7

Q6 请你回忆上述情境，领导神情非常严肃地对你说"你的建议我不能接受"之后，你的同事对你的建议行为很不满，你认为在接下来的工作中他们会做出如下行为的可能性有多大？请在相应的数字上打"√"。（1＝非常不同意，2＝基本不同意，3＝比较不同意，4＝不确定，5＝比较同意，6＝基本同意，7＝非常同意）

序号	题项内容	您的同意程度						
1	有的同事会搬弄是非，制造或散播有关你的谣言	1	2	3	4	5	6	7
2	有的同事当众讲一些让你难堪的玩笑	1	2	3	4	5	6	7
3	有的同事在生气或心情不好时，借故拿你出气	1	2	3	4	5	6	7
4	有的同事会过度监管我的工作情况	1	2	3	4	5	6	7
5	有的同事会迫使你放弃该享有的权利（如评优评先等）	1	2	3	4	5	6	7

⊙ **控制组材料**

你是一家国际物流公司运营部门的工作人员，日常负责企业各部门监管与核心工作的协调。受疫情的影响，近一年来，公司的海外业务工作量明显降低，相对于国内业务部门工作人员高饱和度的工作状况，海外业务部门的工作人员工作饱和度明显偏低，如果这种状况长期得不到调整和改善，可能会影响员工工作投入度和企业整体绩效。

你就上述问题向你的部门领导提出建议，认为可以适当调整海外部门员工的工作范围，成立一个临时工作组来支援国内业务部门的部分工作。当你向领导提出了该建议后，领导笑着对你说："谢谢你的建议，让我们考虑一下，你可以先回去了。"

Q1 在上述场景中，当领导对你说："谢谢你的建议，我们会对你的建议进行研究，后期还会跟你进一步沟通"，你认为领导是在拒绝你。（请从以下 1~7 中选择最接近的程度）

极不可能　　　　　　　　　极可能
○1　○2　○3　○4　○5　○6　○7

Q2 如果你是运营部门的员工，你会向领导提出建议吗？

○ 会

○ 不会

Q3 如果你是海外业务部门的员工，你会同意被调整到临时工作组吗？

○ 愿意

○ 不愿意

Q4 在领导对你说"谢谢你的建议，我们会对你的建议进行研究，后期还会跟你进一步沟通，你可以先回去了"之后，你认为以下行为发生的可能性有多大？请在相应的数字上打"√"。（1 = 非常不同意，2 = 基本不同意，3 = 比较不同意，4 = 不确定，5 = 比较同意，6 = 基本同意，7 = 非常同意）

序号	题项内容	您的同意程度						
1	我会继续发现影响组织发展的问题并对此提出建议	1	2	3	4	5	6	7
2	如果认为看法对企业有帮助，我会说出来	1	2	3	4	5	6	7
3	我依然会就工作程序中的新方案或改革提出自己的建议和想法	1	2	3	4	5	6	7
4	对于影响企业工作生活质量的问题，我会提出自己的建议	1	2	3	4	5	6	7

Q5 请你回忆上述情境，当你向领导提出了该建议后，领导笑着对你说"谢谢你的建议，我们会对你的建议进行研究，后期还会跟你进一步沟通，你可以先回去了"之后，你觉得自己在接下来的工作中作出如下反应的可能性有多大？请在相应的数字上打"√"。（1 = 非常不同意，2 = 基本不同意，3 = 比较不同意，4 = 不确定，5 = 比较同意，6 = 基本同意，7 = 非常同意）

序号	题项内容	您的同意程度						
1	我经常会担心自己工作表现不佳	1	2	3	4	5	6	7
2	我担心会无法得到领导积极的工作绩效评价	1	2	3	4	5	6	7
3	即使我努力了，我仍然担心领导觉得我的工作表现不够好	1	2	3	4	5	6	7
4	我担心领导认为我的工作表现不如其他人	1	2	3	4	5	6	7

Q6 请你回忆上述情境，当你向领导提出了该建议后，领导笑着对你说"谢谢你的建议，我们会对你的建议进行研究，后期还会跟你进一步沟通，你可以先回去了"之后，你觉得自己在接下来的工作中你的同事

们在日常工作中作出如下行为的可能性有多大？请在相应的数字上打
"√"。(1 = 非常不同意，2 = 基本不同意，3 = 比较不同意，4 = 不确定，
5 = 比较同意，6 = 基本同意，7 = 非常同意)

序号	题项内容	您的同意程度						
1	有的同事会搬弄是非，制造或散播有关你的谣言	1	2	3	4	5	6	7
2	有的同事当众讲一些让你难堪的玩笑	1	2	3	4	5	6	7
3	有的同事在生气或心情不好时，借故拿你出气	1	2	3	4	5	6	7
4	有的同事会过度监管我的工作情况	1	2	3	4	5	6	7
5	有的同事会迫使你放弃本该享有的权利（如评优、评先等）	1	2	3	4	5	6	7

再次感谢您的支持和配合！

参 考 文 献

[1] 程苏，刘璐，郑涌．社会排斥的研究范式与理论模型 [J]．心理科学进展，2011，19（6）：905 – 915.

[2] 杜建政，夏冰丽．心理学视野中的社会排斥 [J]．心理科学进展，2008，6：981 – 986.

[3] 段锦云，凌斌．中国背景下员工建言行为结构及中庸思维对其的影响 [J]．心理学报，2011，（10）：1185 – 1197.

[4] 段锦云．中国背景下建言行为研究：结构、形成机制及影响 [J]．心理科学进展，2011，（2）：185 – 192.

[5] 段锦云，王重鸣，钟建安．大五和组织公平感对进谏行为的影响研究 [J]．心理科学，2007，（1）：19 – 22.

[6] 段锦云，张晨，徐悦．员工建言行为的人口统计特征元分析 [J]．心理科学进展，2016，24（10）：1568 – 1582.

[7] 弗洛伊德．弗洛伊德心理哲学 [M]．杨韶刚，译．北京：九州出版社，2003：288.

[8] 傅强，段锦云，田晓明．员工建言行为的情绪机制：一个新的探索视角 [J]．心理科学进展，2012，20（2）：274 – 282.

[9] 韩翼，刘庚．为何言路难开？领导拒谏构念维度与形成机理探究 [J]．中国人力资源开发，2021，38（4）：111 – 124.

[10] 韩翼，肖素芳．领导为什么拒谏：基于动机社会认知视角的阐释 [J]．外国经济与管理，2020，（8）：68 – 80.

[11] 李澄锋，田也壮．领导排斥对员工建言行为的影响及作用机制

[J]. 中国管理科学, 2017, 25 (8): 175 - 183.

[12] 李树文, 罗瑾琏, 梁阜. 领导与下属性别匹配视角下权力距离一致与内部人身份认知对员工建言的影响 [J]. 管理学报, 2020, 17 (3): 365 - 373.

[13] 廖化化, 颜爱民. 权变视角下的情绪劳动: 调节变量及其作用机制 [J]. 心理科学进展, 2017, 25 (3): 500 - 510.

[14] 齐蕾, 刘冰, 李逢雨, 等. 职场排斥对员工创新绩效的"双刃剑"效应研究 [J]. 管理学报, 2020, 17 (8): 1169 - 1178.

[15] 吴隆增, 刘军, 许浚. 职场排斥与员工组织公民行为: 组织认同与集体主义倾向的作用 [J]. 南开管理评论, 2010, 13 (3): 36 - 44.

[16] 叶仁荪, 倪昌红, 黄顺春. 职场排斥、职场边缘化对员工离职意愿的影响: 员工绩效的调节作用 [J]. 管理评论, 2015, 27 (8): 127 - 140.

[17] 詹小慧, 汤雅军, 杨东涛. 员工建言对职场排斥的影响研究——基于社会比较理论的视角 [J]. 经济经纬, 2018 (3): 103 - 109.

[18] 张兰霞, 孙琪恒. 双元威权领导对员工建言行为的影响机制研究 [J]. 预测, 2020, 39 (6): 10 - 16.

[19] 周浩, 龙立荣. 基于自我效能感调节作用的工作不安全感对建言行为的影响研究 [J]. 管理学报, 2013, 10 (11): 1604 - 1610.

[20] ANDERSSON L, PEARSON C. Tit for tat? The spiraling effect of incivility in the workplace [J]. Academy of Management Review, 1999, 24: 452 - 471.

[21] ASFAW A G, CHANG C C, TAPAS K R. Workplace mistreatment and sickness absenteeism from work: Results from the National Health Interview Survey [J]. American Journal of Industrial Medicine, 2014, 57: 2002 - 2013.

[22] ASHFORTH B E, HUMPHREY R H. Emotion in the workplace:

A reappraisal. Human and delayed emotional reactions to work events [J]. Journal of Applied Psychology, 1995, 88: 1082 – 1093.

[23] BAER M, BROWN G. Blind in one eye: How psychological ownership of ideas affects the types of suggestions people adopt [J]. Organizational Behavior and Human Decision Processes, 2012, 118 (1): 60 – 71.

[24] BAILLIEN E, CAMPS J, VAN DEN BROECK A, et al. An eye for an eye will make the whole world blind: Conflict escalation into workplace bullying and the role of distribute conflict behavior [J]. Journal of Business Ethics, 2015, 1 (1): 1 – 15.

[25] BANDURA A. Self-efficacy mechanism in human agency [J]. American Psychologist, 1982, 37: 122 – 147.

[26] BARCLAY L J, KIEFER T. In the aftermath of unfair events: Understanding the differential effects of anxiety and anger [J]. Journal of management, 2019, 45 (5): 1802 – 1829.

[27] BAR-HAIM Y, LAMY D, PERGAMIN L, et al. Threat-related attentional bias in anxious and non anxious individuals: A meta-analytic study [J]. Psychological Bulletin, 2007, 133: 1 – 24.

[28] BARRETT L F. Are emotions natural kinds [J]. Perspectives on Psychological Science, 2006, 1: 28 – 58.

[29] BAUMEISTER R F, DE WALL C N, CIAROCCO N J, et al. Social Exclusion Impairs Self-regulation [J]. Journal of Personality and Social Psychology, 2005, 88 (4): 589 – 604.

[30] BAUMEISTER R F, LEARY M R. The need to belong: Desire for interpersonal attachments as a fundamental human motivation [J]. Psychological Bulletin, 1995, 117: 497 – 529.

[31] BLACKHART G C, NELSON B C, KNOWLES M L, et al. Rejection elicits emotional reactions but neither causes immediate distress nor low-

ers self-esteem: A meta-analytic review of 192 studies on social exclusion [J].
Personality and Social Psychology Review, 2009, 13 (4): 269 –309.

[32] BROCKNER J, HIGGINS E T, LOW M B. Regulatory focus theo-
ry and the entrepreneurial process [J]. Journal of Business Venturing, 2004,
19 (2): 203 –220.

[33] BURGER J M. Desire for control: Personality, social and clinical
perspectives [M]. New York: Plenum, 1992.

[34] BURRIS E R, ROCKMANN K W, KIMMONS Y S. The value of
voice to managers: employee identification and the content of voice [J].
Academy of Management Journal, 2017, 60 (6): 2099 –2125.

[35] BURRIS E R. The risks and rewards of speaking up: Managerial
responses to employee voice [J]. Academy of Management Journal, 2012,
55 (4): 851 –875.

[36] BURRIS E R, DETERT J R, CHIABURU D S. Quitting before
leaving: The mediating effects of psychological attachment and detachment on
voice [J]. Journal of Applied Psychology, 2008, 93 (4): 912 –922.

[37] BURRIS E R, DETERT J R, ROMNEY A C. Speaking up vs be-
ing heard: the disagreement around and outcomes of employee voice [J]. Or-
ganization Science, 2013, 24 (1): 22 –38.

[38] BYRON K, KHAZANCHI S. A meta-analytic investigation of the
relationship of state and trait anxiety to performance on figural and verbal crea-
tive tasks [J]. Personality and Social Psychology Bulletin, 2011, 37: 269 –
283.

[39] CERIN E. Predictors of competitive anxiety direction in male tae
kwon do practitioners: A multilevel mixed idiographic/nomothetic interactional
approach [J]. Psychology of Sport and Exercise, 2004, 5: 497 –516.

[40] CHOI J N. Change-oriented organizational citizenship behavior:

effects of work environment characteristics and intervening psychological processes [J]. Journal of Organizational Behavior, 2007, 1: 28 –30.

[41] CHIABURU D S, FARH C, VAN DYNE L. Supervisory epistemic, ideological, and existential responses to voice: A motivated cognition approach [M] //Voice and whistleblowing in organizations. NewYork: Edward Elgar Publishing, c2013: 109 –112.

[42] CRANT J M. Proactive behavior in organizations [J]. Journal of Management, 2000, 26 (3): 435 –462.

[43] DALAL R S, SHENG Z. When is helping behavior unhelpful? A conceptual analysis and research agenda [J]. Journal of Vocational Behavior, 2019, 110: 272 –285.

[44] DETERT J R, BURRIS E R. Leadership behavior and employee voice: Is the door really open [J]. Academy of Management Journal, 2007, 50 (4): 869 –884.

[45] DETERT J R, BURRIS E R, HARRISON D A, et al. Voice flows to and around leaders: Understanding when units are helped or hurt by employee voice [J]. Administrative Science Quarterly, 2013, 58 (4): 624 –668.

[46] DUTTON J E, ASHFORD S J, O'NEILL R M, et al. Reading the wind: How middle managers assess the context for selling issues to top managers [J]. Strategic Management Journal, 1997, 18 (5): 407 –423.

[47] EDMONDSON A C. Speaking up in the operating room: how team leaders promote learning in interdisciplinary action teams [J]. Journal of Management Studies, 2003, 40 (6): 1419 –1452.

[48] EINARSEN S., SKOGSTAD A., RRVIK E., et al. Climate for Conflict Management, Exposure to Workplace Bullying and Work Engagement: A Moderated Mediation Analysis [J]. International Journal of Human Resource Management, 2018, 29 (3): 549 –570.

[49] ELLIOT A J, MCGREGOR H A. Test anxiety and the hierarchical model of approach and avoidance achievement motivation [J]. Journal of Personality and Social Psychology, 1999, 76 (4): 628 – 629.

[50] Fast N J, Burris E R, Bartel C A. Managing to stay in the dark: Managerial self-efficacy, ego defensiveness, and the aversion to employee voice [J]. Academy of Management Journal, 2015, 57 (4): 1013 – 1034.

[51] FERRIS D L, LIAN H W, BROWN D J, et al. Ostracism, self-esteem, and job performance: when do we self-verify and when do we self-enhance [J]. Academy of Management Journal, 2015, 58 (1): 279 – 297.

[52] FRIJDA N. The emotions [M]. London: Cambridge University Press, 1986.

[53] FRITZ C, SONNENTAG S. Antecedents of day-level proactive behavior: A look at job stressors and positive affect during the workday [J]. Journal of management, 2009, 35 (1): 94 – 111.

[54] GLAMBEK M, SKOGSTAD A, EINARSEN S. Take it or leave: A five-year prospective study of workplace bullying and indicators of expulsion in working life [J]. Industrial Health, 2015, 53 (1): 160 – 170.

[55] HARMON-JONES C, SCHMEICHEL B J, MENNITT E, et al. The expression of determination: similarities between anger and approach-related positive affect [J]. Journal of Personality and Social Psychology, 2011, 100 (1): 172.

[56] HIGGINS E T, RONEY C J R, CROWE E, et al. Ideal versus ought predilections or approach and avoidance distinct self-regulatory systems [J]. Journal of Personality and Social Psychology, 1994, 66 (2): 276 – 286.

[57] HIGGINS E T. Beyond pleasure and pain [J]. American Psychologist, 1997, 52 (12): 1280 – 1300.

[58] HUANG L. Followers' constructive voice and leaders' reactions to voice: A self-enhancement perspective [D]. United States: Univ. of Nebraska, 2015.

[59] JARZABKOWSKI P, LÊ J, VAN DE VEN A H. Responding to competing strategic demands: How organizing, belonging, and performing paradoxes coevolve [J]. Strategic Organization, 2013, 11 (1): 245 – 280.

[60] KAUFMANN G M, BEEHR T A. Interactions between job stressors and social support: Some counterintuitive results [J]. Journal of Applied Psychology, 1986, 71 (3): 522 – 526.

[61] KIM Y. Killing ideas without killing future possibilities: managing employee voice rejection [D]. Austin: Univ. of Texas, 2018.

[62] KISH-GEPHART J J, DETERT J R, TREVIÑO L K, et al. Silenced by fear: The nature, sources, and consequences of fear at work [J]. Research in Organizational Behavior, 2009, 29 (1): 163 – 193.

[63] KOUCHAKI M, DESAI S D. Anxious, threatened, and also unethical: How anxiety makes individuals feel threatened and commit unethical acts [J]. Journal of Applied Psychology, 2015, 100 (2): 360 – 375.

[64] KWAN H K, ZHANG X, LIU J, et al. Workplace Ostracism and Employee Creativity: An Integrative Approach Incorporating Pragmatic and Engagement Roles [J]. Journal of Applied Psychology, 2018, 103 (12): 1358 – 1366.

[65] LAW R, DOLLARD M F, TUCKEY M R, et al. Psychosocial safety climate as a lead indicator of workplace bullying and harassment, job resources, psychological health and employee engagement [J]. Accident Analysis & Prevention, 2011, 43 (5): 1782 – 1793.

[66] LEARY M R. Responses to social exclusion: Social anxiety, jealousy, loneliness, depression, and low self-esteem [J]. Journal of Social and

Clinical Psychology, 1990, 9 (2): 221 - 229.

[67] LEARY M R. Interpersonal rejection [M]. Oxford: Oxford University Press, 2001.

[68] LEE J, SHRUM L J. Conspicuous Consumption versus Chari-table Behavior in Response to Social Exclusion: A Differential Needs Explanation [J]. Journal of Consumer Research, 2012, 39 (3): 530 - 544.

[69] LEPINE J A, VAN DYNE L. Predicting voice behavior in work groups [J]. Journal of Applied Psychology, 1998, 83 (6): 853 - 868.

[70] LEPINE J A, VAN DYNE L. Voice and cooperative behavior as contrasting forms of contextual performance: Evidence of differential relationships with Big Five personality characteristics and cognitive ability [J]. Journal of Applied Psychology, 2001, 86 (2): 326 - 336.

[71] LEWIS D, GUNN R O D. Workplace bullying in the public sector: Understanding the racial dimension [J]. Public Administration, 2007, 85 (3): 641 - 665.

[72] LEWIS M W. Exploring paradox: Toward a more comprehensive guide [J]. Academy of Management Review, 2000, 25 (2): 760 - 776.

[73] LI C, LIANG J, FARH J L. Speaking up when water is murky: an uncertainty-based model linking perceived organizational politics to employee voice [J]. Journal of Management, 2020, 46 (3): 443 - 469.

[74] LIANG J, FARH C I C, FARH J L. Psychological antecedents of promotive and prohibitive voice: A two-wave examination [J]. Academy of Management Journal, 2012, 55 (1): 71 - 92.

[75] LINDEN M, MUSCHALLA B. Anxiety disorders and workplace-related anxieties [J]. Journal of Anxiety Disorders, 2007, 21 (3): 467 - 474.

[76] MACDONALD G, LEARY M R. Why does social exclusion hurt? The relationship between social and physical pain [J]. Psychological Bulletin,

2005, 131 (2): 202 – 223.

[77] MATHISEN G E, EINARSEN S, MYKLETUN R. The occurence and correlates of bullying and harassment in restaurant sector [J]. Scandinavian Journal of Psychology, 2008, 1 (1): 59 – 68.

[78] MCCARTHY J, GOFFIN R. Measuring job interview anxiety: Beyond weak knees and sweaty palms [J]. Personnel Psychology, 2004, 57 (3): 607 – 637.

[79] MCCARTHY J M, TROUGAKOS J P, CHENG B H. Are anxious workers less productive workers? It depends on the quality of social exchange [J]. Journal of Applied Psychology, 2016, 101 (2): 279 – 291.

[80] MIKKELSEN E G, HOGH A, PUGGAARD L B. Prevention of bullying and conflicts at work: Process factors influencing the implementation and effects of interventions [J]. International Journal of Workplace Health Management, 2011, 4 (1): 84 – 100.

[81] MOORS A. The integrated theory of emotional behavior follows a radically goal-directed approach [J]. Psychological Inquiry, 2017, 28 (1): 68 – 75.

[82] MORRISON E W, MILLIKEN F J. Organizational silence: A barrier to change and development in a pluralistic world [J]. The Academy of Management Review, 2000, 25 (4): 706 – 725.

[83] MORRISON E W, WHEELER-SMITH S L, KAMDAR D. Speaking up in groups: A cross-level study of group voice climate and voice [J]. Journal of Applied Psychology, 2011, 96 (1): 183 – 191.

[84] MORRISON E W. Employee voice behavior: Integration and directions for future research [J]. Academy of Management Annals, 2011, 5 (1): 373 – 412.

[85] NEUBERT M J, KACMAR K M, CARLSON D S, et al. Regula-

tory focus as a mediator of the influence of initiating structure and servant leadership on employee behavior [J]. Journal of Applied Psychology, 2008, 93 (6): 1220 - 1233.

[86] NIELSEN M B, MAGERØY N, GJERSTAD J, et al. Workplace bullying and subsequent health problems [J]. Tidsskrift for Den Norske Legeforening, 2014. 134 (1): 1233 - 1238.

[87] PETERSON C, MAIER S F, SELIGMAN M E P. Learned helplessness: A theory for the age of personal control [M]. New York: Oxford University Press, 1993.

[88] PIEZUNKA H, DAHLANDER L. Benevolent rejections: How rejections foster engagement and effectiveness in the external search for innovation [R]. Working paper, INSEAD, Fontainebleau, France, 2015.

[89] PIEZUNKA H, DAHLANDER L. Idea rejected, tie formed: Organizations' feedback on crowd sourced ideas [J]. Academy of Management Journal, 2019, 62 (2): 503 - 530.

[90] RIOUX S M, PENNER L A. The causes of organizational citizenship behavior: A motivational analysis [J]. Journal of Applied Psychology, 2001, 86 (6), 1306 - 1314.

[91] Robinson M D, Clore G L. Belief and feeling: evidence for an accessibility model of emotional self-report [J]. Psychological Bulletin, 2002, 128 (6): 934 - 960.

[92] RODRÍGUEZ-MUÑOZ A, BAILLIEN E, DE WITTE H, et al. Cross-lagged relationships between workplace bullying, job satisfaction and engagement: Two longitudinal studies [J]. Work & Stress, 2009, 23 (3): 225 - 243.

[93] RUSSELL J A. Core affect and the psychological construction of emotion [J]. Psychological Review, 2003, 110 (1): 145 - 172.

[94] SEIBERT S E, KRAIMER M L, CRANT J M. What do proactive people do? A longitudinal model linking proactive personality and career success [J]. Personnel Psychology, 2001, 54 (4): 845 –874.

[95] SHERF E N, TANGIRALA S, VENKATARAMANI V. Why managers do not seek voice from employees: The importance of managers' personal control and long-term orientation [J]. Organization Science, 2019, 30 (3): 447 –466.

[96] SOSIK J J, GODSHALK V M. Leadership styles, mentoring functions received, and job-related stress: a conceptual model and preliminary study [J]. Journal of Organizational Behavior, 2000, 21 (4): 365 –390.

[97] SPIELBERGER C D, ANTON W D, BEDELL J. The nature and treatment of test anxiety [J]. Emotions and Anxiety: New Concepts, Methods, and Applications, 2015, 10 (2): 317 –344.

[98] STAMPER C L, VAN DYNE L. Work status and organizational citizenship behavior: A field study of restaurant employees [J]. Journal of Organizational Behavior, 2001, 22 (1): 517 –536.

[99] STILLMAN T F, BAUMEISTER R F, LAMBERT N M, et al. Alone and without purpose: Life loses meaning following social exclusion [J]. Journal of Experimental Social Psychology, 2009, 45 (4): 686 –694.

[100] TEPPER B J. Consequences of abusive supervision [J]. Academy of Management Journal, 2000, 43 (2): 178 –190.

[101] TESSER A. Toward a self-evaluation maintenance model of social behavior [M]. Advances in experimental social psychology. Academic Press, 1988.

[102] VAN DE VLIERT E, EINARSEN S, NIELSEN M B. Are national levels of employee harassment cultural covariations of climato-economic conditions [J]. Work & Stress, 2013, 27 (1): 106 –122.

[103] VAN DIERENDONCK D, HAYNES C, BORRILL C, et al. Leadership behavior and subordinate well-being [J]. Journal of Occupational Health Psychology, 2004, 9 (2): 165 – 175.

[104] VAN DYNE L, LEPINE J A. Helping and voice extra-role behaviors: Evidence of construct and predictive validity [J]. Academy of Management Journal, 1998, 41 (1): 108 – 119.

[105] VINCE R, BROUSSINE M. Paradox, defense and attachment: Accessing and working with emotions and relations underlying organizational change [J]. Organization Studies, 1996, 17 (1): 1 – 21.

[106] WEINER B. An attributional theory of achievement motivation and emotion [J]. Psychological Review, 1985, 92 (4): 548 – 573.

[107] WEINER B. Social motivation, justice, and the moral emotions: An attributional approach [M]. Psychology Press, 2006.

[108] WEINER B, OSBORNE D, RUDOLPH U. An attributional analysis of reactions to poverty: The political ideology of the giver and the perceived morality of the receiver [J]. Personality and Social Psychology Review, 2011, 15 (2): 199 – 213.

[109] WEINER B, RUSSELL D, LERMAN D. The cognition-emotion process in achievement-related contexts [J]. Journal of Personality and Social Psychology, 1979, 37 (7): 1211 – 1220.

[110] WILLIAMS K D, SOMMER K L. Social ostracism by coworkers: Does rejection lead to loafing or compensation [J]. Personality and Social Psychology Bulletin, 1997, 23 (7): 693 – 706.

[111] WILLIAMS K. D. Ostracism: Effects of being excluded and ignored [J]. Advances in Experimental Social Psychology, 2009, 41 (1): 275 – 314.

[112] WILLIAMS K. D. Ostracism: A temporal need-threat model [J].

Advances in Experimental Social Psychology, 2009, 41 (1): 279 –314.

［113］WILLIAMS K D. Ostracism ［J］. Annual Review of Psychology, 2007, 58 (1): 425 –452.

［114］WILLIAMS K D, NIDA S A. Is ostracism worse than bullying ［M］. New York, 2009.

［115］WIRTH J H, LYNAM D R, WILLIAMS K D. When social pain is not automatic: Personality disorder traits buffer ostracism's immediate negative impact ［J］. Journal of Research in Personality, 2010, 44 (3): 397 –401.

［116］ZAPF D, EINARSEN S. Mobbing at work: Escalated conflicts in organizations ［M］. In Fox S, Spector P E (Eds.). Counterproductive work behavior: Investigations of actors and targets. Washington, DC: American Psychological Association, 2005.

［117］ZEIDNER M, MATTHEWS G. Evaluation anxiety ［J］. Handbook of Competence and Motivation, 2005, 1 (1): 141 –163.

［118］ZHOU J, GEORGE J M. When job dissatisfaction leads to creativity: Encouraging the expression of voice ［J］. Academy of Management Journal, 2001, 44 (4): 682 –696.

后 记

　　三年的博士生涯，给我带来了新的方向和启发，原本未能明晰的未来，经历三年的打磨，渐渐清晰。及至当下，才有时间来回顾过往，也是在本书的撰写过程中，再次对博士学习期间教导帮助我的良师益友、支持鼓励我的挚爱家亲表达我深深的感激之情。

　　感谢我的恩师韩翼教授在本书的写作过程中给予指导。恩师在我心中是大智者，更是人生的明灯和榜样。今后，我会谨记恩师教诲，学习不辍，前进不止。

　　本书能顺利出版，离不开中南财经政法大学各位老师的谆谆教诲，更离不开新疆财经大学领导与同仁的支持和帮助。同时，感谢出版社各位编辑的辛苦付出。

麻晓菲

2023 年 12 月于新疆财经大学